〈はしがき〉

尽きる命、尽きぬ事業
～リレーゾーンは長くない～

辻・本郷 税理士法人　理事長　徳田 孝司

あらゆる可能性・手段を検討して最適な対策を考える

　事業承継対策は、早い段階から中長期的な観点で、業績推移、事業計画、後継者の育成等を十分に考慮して計画し、進めていくことが重要です。

　しかし、不安定な世界情勢や円安による原材料の高騰、物価高などの影響を受け、厳しい経営環境に置かれた事業者においては、事業の継続自体が困難となり、休業や廃業を選択せざるを得なくなるケースが少なくありません。一方、事業を存続させるために、一般的な方法や前例などにとらわれることなく、あらゆる可能性・手段を検討して事業承継を実現する事業者が少なくないのも事実です。それまで代々同族で経営していた会社において、従業員や社外の第三者による承継を選択するケースが増えてきていることもその表れの一つであるように思います。

　2024年度の税制改正では、事業承継税制（特例措置）を適用するための「特例承継計画」の提出期限が2年延長される（2026年3月31日まで）と同時に、2027年12月31日までの適用期限については延長されないことが明言されました。この制度は、贈与時・相続時においては納税負担が発生しない（猶予される）メリットがある一方で、経営者からは、要件の複雑さ、ハードルの高さ、納税猶予の取消しリスクの心配などの声も多く上がっている印象を受けます。

　今回の改正をきっかけに、事業承継税制の利用も一つの選択肢として検討する経営者が増えるかもしれませんが、経営者自身と後継者、事業の存続・発展にとっての最適な承継手法は何であるのか、きちんと向き合って対策を考えていくことが肝要でしょう。

人間関係とパスのタイミング

　事業承継を如何にスムーズに進めるかは、会社の存亡にも関わる大きな課題のひとつです。承継をバトンリレーに例えるなら、リレーゾーンでのバトンパスをいかに上手に行うかが勝者となるか敗者となるかのポイントともいえます。要は、パスのタイミングです。

　そして、バトンパスは、渡す側と受ける側の呼吸が合っていないと行うことはできません。経営者と後継者との関係はもちろん、親族同士の関係も含めて、人間関係が原因で事業承継がうまく行かないケースが、非常に増えています。

　事業承継の成功のためには、良好な人間関係が不可欠であり、その関係を保つためには、お互いに十分なコミュニケーションが必要です。

まずは検討に着手し、リレーゾーンの整備を進めながら計画や対策を考えていく

　そのうえで、バトンを渡す側、事業を譲る側にとって大切なことがもう一つあります。

　たとえ環境が大きく変化し、業績も変わり、将来の確固たるイメージを描くことが難しい状況において、何とか自分の力で打開したいという気持ちがあっても、人は老い、寿命が尽きるときが必ず来ます。

　尽きてはならない事業のために、リレーゾーンを意識して、その中でバトンパスをしていくしか方法はありません。バトンパスをよりスムーズに行うためのテクニックは、本冊子にもご紹介させていただいておりますが、何よりもタイミングを逃さずバトンをパスすること、パスしない限りリレー（承継）が成立しないこと、そのことが一番大切です。

　リレーゾーンはそんなに長くないかもしれません。まずは着手して進めながら考えていくことです。

　ただし、計画や対策を実行しバトンがパスされたからといって、事業承継が完結したわけではありません。その計画や対策が、しっかりコミュニケーションをとりながら練られたものであっても、パスされたあとに思いがけない課題に直面する可能性は決して低くはありません。事業承継の成否は、パスのあと少なくとも数年は見届けないと判断できないものです。

　そのような平坦とは限らない事業承継に皆様が取り組むにあたり、本冊子が少しでもお役に立つことができれば、大変ありがたく思います。

　おかげさまで、本冊子は創刊12年目を迎えることができました。感謝申し上げます。

目　次

2024年度（令和6年度）税制改正に関する次の項目の改正ポイント掲載ページ
●[資産課税] 事業承継税制（法人版の特例措置／個人版）に係る計画（特例承継計画／個人事業承継計画）の提出期限の延長：基本解説 pp.72,82
2023年度（令和5年度）税制改正に関する次の項目の改正ポイント掲載ページ
●[資産課税] 資産移転の時期の選択により中立的な税制の構築（**暦年課税／相続時精算課税**）：基本解説 pp.68-71のほか pp.30,42,43,57,59
●[個人所得課税] **極めて高い水準の所得に対する負担の適正化**：基本解説 p.90

事業承継対策のベストシナリオ

オーナーが事業承継対策に着手したきっかけは？

衰え

経営に注力する気力・体力に**衰え**を感じ、息子への**バトンタッチ**を考え始めた

p.20

役員退職金を活用した事業承継対策

①自身の引退と息子に承継させる方法について金融機関に相談
②承継計画を立てて役員退職金を支給し、計画に基づく自社株の贈与をして事業承継を実現

結束

アットホームな我が社のさらなる成長に向けて、息子と従業員が**一丸**となって事業を継続してもらいたい

p.22

持株会を活用した事業承継対策

①結束力強化の方法として、持株会の組成を金融機関から助言される
②役員／従業員によって組成された持株会に、自社株の一部を有利な「配当還元価額」で譲渡し、協力体制が強化される中で息子による承継を推進

準備

後継者が承継する前に、まずは、元役員の親族（相続人）の相続により社外に**分散**してしまった株式を**集約**して**準備**しておきたい

p.24

金庫株を活用した事業承継対策

①株主として好ましくない相続人に分散した株式の集約方法について金融機関に相談したところ、金庫株の活用を勧められる
②役員の親族が保有する株式を会社が金庫株（自己株式）として買い取って集約し、承継に備える

①金融機関に紹介を受けた税理士に相談し、暦年課税制度、相続時精算課税制度、特定事業用宅地等に係る小規模宅地等の特例、個人版事業承継税制の利用や、法人成りの方法があることを知る
②どのような承継計画や承継方法の選択が娘夫婦にとって有利となるか、まずは様々なケースでの税額試算等を始める

納税負担の軽減策等を活用した個人事業の事業承継対策

p.42

楽でない個人事業を継ぎたいという娘夫婦には納税や資金繰りで**困らせたくない**

想い

①顧問税理士に納税猶予制度の利用を相談
②助言を受けながら、息子を交え、贈与に伴う株価対策や遺留分も考慮した計画を練り、県に特例承継計画を提出して確認を受けるその後株式を一括贈与し、息子が承継経営承継円滑化法の認定を受け、贈与税を申告（相続時精算課税制度を利用）し、納税が猶予される

納税猶予制度（特例措置）を活用した事業承継対策

p.72

息子に株式贈与をして継いでもらいたいが、息子には**贈与税**を支払える**お金**がない

納税

①廃業も覚悟したが、金融機関から、M&A による事業承継の提案を受ける
②当社の高額買収を希望する企業があり、M&A による事業承継を選択

M&A を活用した事業承継対策

p.40

身内や社内に**後継者が不在**で会社がこの先続くか心配

心配

事業承継とは、現経営者（オーナー）から後継者に事業のバトンパスを行い［経営権・財産権を後継者に引き継ぎ（後継者が受け継ぎ）］、事業を継続させること。

事業承継の類型（引き継ぎ方／受け継ぎ方）には、親族内承継、役員・従業員承継［MBO（経営陣による買収）／EBO（従業員による買収）／内部昇格］、M&A、外部招聘などがあります。

望ましいかたちで事業承継を実現するためには、できる限り**早期に検討・着手**し、後継者候補の有無や、現経営者と後継者の希望、企業の現状、経営者の資産状況、様々な課題等に応じて、**適切な対策を講じる**ことが肝要です。

遺留分

財産の大半は自社株だが、**後継者以外の子供**にも一定の財産を残したい

p.26

保険を活用した事業承継対策

①遺留分対策について金融機関に相談したところ、保険活用のアドバイスを受け、生命保険の代理店を紹介される
②後継者（長男）が保険金の受取人となる生命保険に加入し、自分の死後は、長男はその保険金を元手に、次男に現金で遺留分を代償することを約束

悩み

子供たちの中で最も優秀な次男に経営を**任せたい**が、**自分の権限も残す方法は**ないか悩んでいる

p.28

種類株式を活用した事業承継対策

①種類株式の活用を金融機関より提案される
②子供たちにも相談をし、納得を得られたので、株主総会の決議で黄金株を発行し、事業承継を推進

迷い

経験不足の娘への事業承継について迷っている

p.30

信託を活用した事業承継対策

①生前贈与代用としての信託を活用した手法を金融機関より提案される
②自己信託により、財産権は後継者である娘に贈与し、経営権は自分が保持したまま事業を継続して娘への経営者教育にも注力

①金融機関に相談したところ、息子への贈与ではなく、持株会社への譲渡（有償）を提案される
②後継者による持株会社設立と金融機関からの借入れを行い、株式の譲渡を実行

持株会社を活用した事業承継対策

p.32

将来の株式贈与に伴う息子の**税負担**や、自身の引退後の**老後資金**が不安

不安

①金融機関の融資可能額が株式取得資金に満たず、ファンドの活用により補うことを提案される
②後継者が株式取得の目的会社を設立し、金融機関からの借入れ及びファンドからの出資を得たのち、株式の譲渡を実行

事業承継を目的とした**ファンド**の活用による対策

p.35

後継者に株式を譲渡するには**株価が高額**で、株式取得**資金の調達**がうまくいきそうにない

資金

①役員による承継方法について金融機関に相談し、MBOの助言を受ける
②役員が受け皿会社を設立し、金融機関より資金を借り入れて自社株式を買い取り、事業を承継

MBOを活用した事業承継対策

p.38

M&Aで売却するよりも、事業を熟知した**自社の有能な役員に**継いでもらいたい

望み

事業承継を成立させる要件と手続き

	法人の場合

事業承継の 成立 要件

1．経営権 [議決権] (株式／持分) の承継
【承継方法】①株式 (※1) の先代経営者から後継者への贈与／譲渡 (有償)、
または先代経営者死亡時の後継者による相続
＋②株主総会 (または取締役会) (※2) で選任された新代表者の就任

◆合同会社等の持分会社の場合は、※1の株式を「持分」、※2の株主総会を「社員総会」とする。

2．財産権 (株式／持分) の承継
【承継方法】株式 (※1) の先代経営者から後継者への贈与／譲渡 (有償)、
または先代経営者死亡時の後継者による相続

事業承継 成立までの 主な 手続き (一般的な事業承継)

《Step 1》株式の贈与または譲渡 (有償) もしくは相続

[贈与／譲渡 (有償) による承継の場合]

①②は株式会社の場合で、対象株式が譲渡制限株式である場合に限る。
◆合同会社などの持分会社においては、持分の譲渡に対して他の全社員の承諾が必要。

①譲渡制限株式の譲渡承認請求
先代経営者 (＝現経営者) が保有する譲渡制限株式を
後継者 (＝後継予定者) に贈与または譲渡 (有償) する
ことについての承認の可否を自社に請求

②譲渡制限株式の譲渡承認請求に対する株主総会 (または取締役会) の開催、承認 ⇒ 譲渡承認通知

③贈与または譲渡 (有償) に関する契約の締結
先代経営者 (＝現経営者) が保有する自社株式を後継者 (＝後継予定者) に
贈与または譲渡 (有償) する旨の契約を先代経営者と後継者で締結

④先代経営者 (＝現経営者) から後継者 (＝後継予定者) への株式の贈与または譲渡 (有償)

⑤株主名簿の変更 (株式会社の場合) ◆合同会社等の持分会社の場合は**定款の変更** (全社員の合意が必要)

[相続による承継の場合]

①後継者 (相続人) による株式の相続
遺言書または遺産分割協議に基づいて、先代経営者が保有していた自社の株式・持分を
後継者 (相続人) が相続

②株主名簿の変更 (株式会社の場合) ◆合同会社等の持分会社の場合は**定款の変更** (全社員の合意が必要)

《Step 2》代表者の変更

①新しい代表取締役の選任
●後継者 (＝後継予定者) が既に取締役である場合は株主総会 (取締役会設置会社の場合は取締役会) を開催し、
新しい代表取締役を選任する。
●後継者 (＝後継予定者) が取締役でない場合は、株主総会を開催して取締役に選任し、
さらに株主総会 (取締役会設置会社の場合は取締役会) で新しい代表取締役に選任する。

②変更登記の申請 [法務局]
取締役と代表取締役の変更に伴う登記

③代表者の変更届 [税務署／都道府県税事務所／市区町村役場／年金事務所]

④許認可事業における変更届の提出 [許認可事業の所轄行政機関] (対象：許認可を受けた事業である場合)

◆合同会社等の持分会社の場合は、株式を「持分」、株主総会を「社員総会」、取締役を「業務執行社員」、代表取締役を「代表社員」とする。

手続き上の 留意点 (一般的な事業承継)

1．取締役が先代経営者一人のみの状態で相続が発生 (先代経営者が死亡) した場合について
　まずは、**後継者を取締役に選任するための株主総会の開催**が必要となる。その株主総会を招集するのは取締役であるが、唯一の取締役 (＝先代経営者) の死亡により、株主総会を招集できる者がいなくなる。
　このような状況となった場合には、**裁判所に対して、一時取締役等職務代行者 (仮役員) の選任**の申し立てを行い、裁判所に選任してもらう必要が生じる。その一時取締役等職務代行者 (仮役員) (原則として弁護士) が株主総会を招集し、後継者を取締役に選任することとなる。
　先代経営者の生存中に事業承継を行うことが理想的だが、相続によって事業が承継される場合も起こり得ることを考慮して、特に先代経営者 (＝現経営者) のみが取締役であるような会社の場合は、このような手続きをせずに済むよう、**将来の後継者 (＝後継予定者) を心に決めた時点で、その者に取締役に就任しておいてもらう**ことが望ましい。

2．法人税申告書別表二における株主の変更について
　事業承継後の最初の決算時の法人税申告の際は、法人税申告書別表二「同族会社等の判定に関する明細書」に、事業承継による株主構成等の変更内容を記載して提出する必要がある。

2024年度 税制改正

利用できる 税制 優遇制度

●事業承継税制 (贈与税・相続税の納税猶予制度)
特例措置 (時限措置) と一般措置 (期限なし)
《特例措置の利用可能期間等》
➡ **2026**年3月31日までの特例承継計画の提出 ＋ **2027**年12月31日までの株式等の取得

個人事業者の場合

事業承継の **成立 要件**	**1．経営権の承継** 【承継方法】①先代経営者による廃業 ＋ ②後継者による開業 **2．財産権［事業用資産 (※)］の承継** 【承継方法】事業用資産の先代経営者から後継者への 贈与／譲渡 (有償)、 　　　　　　または先代経営者死亡時の後継者による相続 ※不動産 (土地・建物)、預貯金、売掛金、棚卸資産、無形固定資産 (特許権等)、機械・器具・備品、営業用自動車等、負債など

事業承継 成立までの 主な **手続き** (一般的な 事業承継)	《Step ❶》 **先代経営者による廃業** **[贈与／譲渡 (有償) による承継を計画・実行する場合]** ①「廃業届」の提出［都道府県税事務所］(書類の名称や様式、提出期限は各都道府県税事務所により異なる。) 　【東京都都税事務所の場合】事業開始 (廃止) 等申告書［提出期限：事業廃止の日から 10 日以内］ ②「個人事業の開業・廃業等届出書」の提出［税務署］［提出期限：廃業日から 1 カ月以内］ ③「事業廃止届出書」の提出［税務署］(対象：消費税を支払っていた課税事業者) 　　［提出期限：事業廃止後速やかに (通常 1 カ月以内)] 　　●簡易課税制度を適用していた場合は、「消費税簡易課税制度選択不適用届出書」を提出 ④「給与支払事務所等の開設・移転・廃止届出書」の提出［税務署］ 　　(対象：従業員や事業専従者に給与を支給していた場合)［提出期限：廃業日から 1 カ月以内］ ⑤「所得税の青色申告の取りやめ届出書」の提出［税務署］(対象：青色申告をしていた場合) 　　［提出期限：事業を廃止した年の翌年 3 月 15 日まで］ ⑥許認可事業の所轄行政機関への廃業届の提出 (対象：許認可を受けた事業であった場合) 　　［提出期限：事業を廃止した年の翌年 3 月 15 日まで］ 《Step ❷》 **先代経営者から後継者への事業用資産の贈与／譲渡 (有償) または後継者による相続** 《Step ❸》 **後継者による開業** **[贈与／譲渡 (有償) による承継の場合]** ①許認可の届出・申請等［所轄行政機関］(対象：許認可を必要とする事業である場合に限る) 　　［相続以外による承継 (生前の全部事業譲渡) でも地位が承継される (新規の許認可を不要とする) 旨が 　　根拠法で規定されている業種の場合は、承継した旨の届出］ 　　◆「食品衛生法施行規則等の一部を改正する省令」が 2020 年 12 月に施行されるなど、各業種で生前承継時の手続き簡素化が進んだ。 ②「開業届」の提出［都道府県税事務所］(書類の名称や様式、提出期限は各都道府県税事務所により異なる。) 　【東京都都税事務所の場合】事業開始 (廃止) 等申告書［提出期限は事業開始の日から 15 日以内］ ③「個人事業の開業・廃業等届出書」の提出［税務署］［提出期限：開業日から 1 カ月以内］ ④「給与支払事務所等の開設・移転・廃止届出書」の提出［税務署］ 　　(対象：従業員・事業専従者に給与支給する場合)［提出期限：開業日から 1 カ月以内］ ⑤「所得税の青色申告承認申請書」の提出［税務署］(対象：青色申告をする場合)［提出期限：開業してから 2 カ月以内］ ⑥法務局での商号変更登記 (対象：先代経営者によって商号登記されていた屋号を変更する場合) 　　●もともと商号登記されていない場合で、後継者が屋号を商号登記したい場合は、商号登記を行う。 **[相続による承継の場合]** 所轄行政機関への許認可に関する部分の手続きについては、業種の根拠法によって次の 2 つのタイプに分かれる。 **(A) 相続人が先代経営者の地位を承継できる旨を規定する業種** 　　⇒承継届等の届出［新規許認可を要しない (※)］※ただし、理容師、クリーニング師といった資格自体を承継することはできない。 **(B) 相続人による地位の承継に関する規定がない業種** ⇒ 廃止届・死亡届等の届出 ＋ 新規許認可の届出・申請等

手続き上の **留意点** (一般的な 事業承継)	**1．廃業日について** 　後継者による事業開始 (承継) に伴い、その直前まで費用のかかる作業 (古い商品・備品等の整理や 仕事場の清掃など) が発生することが見込まれる場合は、その作業が完全に終わっていると見込まれる <u>日を考慮して廃業日を決めることが望ましい。</u> 　そうすることによって、先代経営者にとっては、廃業した年の事業所得の確定申告において、その作業 に伴う経費について損金算入が可能となり、所得税の納税額を最小限に抑えることが可能となる。 **2．予定納税額の減額申請について** 　先代経営者が予定納税者である場合で、後継者への引き継ぎに伴う廃業で所得が減ることにより、 廃業の年の 6 月 30 日の現況 (①) または 10 月 30 日の現況 (②) による申告納税見積額が、予定納税額 の計算の基礎となった予定納税基準額 (※) に満たないと見込まれる場合は、**「所得税及び復興特別所得税** **の予定納税額の減額申請書」**を税務署に提出 (その年の① 7 月 15 日までに／② 11 月 15 日までに) する ことで、<u>予定納税額の減額を求めることができる。</u> ※①の申請で承認を受けた場合で、②でも申請する場合は、予定納税基準額ではなく、①で承認された申告納税見積額

2024 年度 税制改正	
利用できる **税制 優遇制度**	●個人版事業承継税制 (贈与税・相続税の納税猶予制度) 　《利用可能期間等》 　➡ **2026** 年 3 月 31 日までの個人事業承継計画の提出 ＋ **2028** 年 12 月 31 日までの特定事業用資産の取得 ●特定事業用宅地等に係る小規模宅地等の特例

事業承継を成功させ、自社株式を後継者にスムーズに承継させるには、**経営権の安定化**と**財産権のスムーズな承継**の両面を睨んだ十分な対策の検討、及び計画的な対策の実行が必要となります。

◉ 事業承継対策のフローチャート

1. 金融機関・税理士等の認定支援機関などの専門家への相談

何はともあれ早期の検討・着手！

できれば、専門家に相談する前にあらかじめ、経営者と後継者が自らフローチャートの2から5について検討し、可能な範囲で着手しておくとよいでしょう。

≪取引金融機関や顧問税理士等の専門家に確認したい主なポイント≫

A. 事業承継支援の取り組み状況
- これまでの支援概要と今後の方針 [事業承継支援の位置付け／目標]
- 支援体制 [内部担当者の配置体制／外部専門家との連携状況]
  ※担当する税理士等の専門家（連携している外部専門家を含む）の支援事例の実績等が確認できれば、自社の事業承継をイメージするのに役立ちます。

B. 支援の進め方
- 支援の流れとスケジュールの概要
- 料金体系 [無料・有料の範囲／料金設定]

≪相談する際に用意しておくとよいもの≫
- 会社概要 ●財務諸表 [貸借対照表、損益計算書 (3年分)]
- 税務申告書 (3年分) ●株主名簿 ●家系図等 ●私の引継ぎメモ (pp.91-95) など

2. 現状の分析・把握

正確な現状分析が不可欠

A. 会社の現状
① 「自社の強み・弱み」の分析
- 商品・サービス等の品質に関する内部評価や取引先・世間の評判など
- 会社が持つ技術・ノウハウ、人材、顧客など
- 客観的に評価されている競合他社に対する優位性など
- 収益性 ●持続的成長性

※金融機関による融資の実行は、担保・保証に必要以上に依存せず、企業の「事業性評価」に基づいて判断される傾向にある。[金融庁の指導方針]

② 「自社株式」の評価
贈与税・相続税等を含めた事業承継に係る大まかな資金の流れや取るべき対策についてイメージを描くためにも、現在の自社株式の価額を知ることが重要です。まずは自社で、「非上場株式の評価方法」(pp.84-88) を参考に評価方法の概要を確認し、できれば、分かる範囲で試算してみましょう。
そして、金融機関や税理士等に相談してみましょう。
※正式な評価額の算出については、税理士等の専門家が行う必要があります。

③ 「株主構成」の問題点の把握 (少数株主・名義株等の株式分散の実態把握を含む)

B. 経営者の資産状況
④ 「概算の贈与税額・相続税額」の試算 [贈与税と相続税の計算例 (pp.69,71) 参照]
⑤ 「法定相続人」の把握など

C. 後継者
⑥ 「後継者候補」のリストアップ、「後継者不在」の確認など
[「後継者は本当にいないのか」 (p.12) 参照]

3. 株式分散リスク、贈与税・相続税関連課題等の抽出

課題の優先順位を検証

A. 少数株主の相続等による「自社株式分散リスク」の確認
B. 「概算の贈与税額・相続税額」が過大であるかどうかの確認
C. 「贈与税・相続税の納税資金」の確保ができるかどうかの確認
D. 「争族リスク」の確認など

4. 後継者の決定

適性・能力の確認

A. 同族内承継
B. 社内役員・従業員等による承継 ［MBO（Management Buyout）、EBO（Employee Buyout）］
C. 外部への経営権譲渡など ［M&A（Mergers and Acquisitions）、LBO（Leveraged Buyout）］

5. 対策手法の検討 + 計画の作成

課題解決のための対策プラン

A. 活用する対策手法の検討と選択　　　　[次ページ「最適な対策の選び方」参照]

> ■個人間譲渡・贈与（贈与税・相続税の納税猶予制度含む）の活用
> ■遺言の活用　　■会社分割・組織再編の活用　　■会社法の活用
> ●役員退職金の活用 [基本対策例 1]　　　●信託の活用 [基本対策例 6]
> ●持株会の活用 [基本対策例 2]　　　　　●持株会社の活用 [基本対策例 7]
> ●金庫株の活用 [基本対策例 3]　　　　　●ファンドの活用 [基本対策例 8]
> ●保険の活用 [基本対策例 4]　　　　　　●MBOの活用 [基本対策例 9]
> ●種類株式の活用 [基本対策例 5]　　　　●M&Aの活用 [基本対策例 10]　　など

B. 事業承継計画の作成 （納税猶予制度の特例認定を受ける場合は認定支援機関の指導・助言が必要）
　　事業の中長期目標、円滑な事業承継実現のための具体的対策と実施スケジュール、株式等の承継前・承継後の経営計画など

6. 対策の実行

タイムテーブルに沿って実行

A. 対策効果の大きいものから優先的に実行
B. 短期的な対策、中長期的な対策をタイムテーブルに沿って実行

> ≪対策を成功させるための要諦≫
> ●関係者への事業承継計画の告知
> ●経営体制の整備
> ●事業性評価に基づく、さらなる事業価値の磨き上げ
> ●後継者教育
> ●個人保証・担保の処理　　　など

7. 効果の確認 + 計画の修正

定期的な効果の検証

A. 実行した対策効果を定期的に検証し、必要に応じて計画を修正
B. 税制改正等の環境変化への対応、追加的な対策の検討が必要

Ⅰ．3つの観点で対策の方向性を見極める

　創業オーナーの高齢化などで事業承継ニーズが発生した場合、自社の状況を踏まえて、**①** 事業継続の意思の有無、**②** 後継者の有無、**③** 株式承継における対価の有無、の3つの観点で対策の方向性が分類されます。

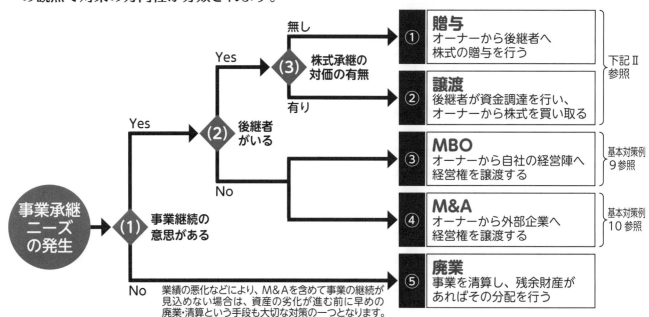

Ⅱ．株式を「贈与」するか「譲渡」するか　～判断のポイント～

　① 事業継続の意思が"あり(Yes)"、**②** 後継者が"いる(Yes)"場合、その後継者に対して株式を無償で承継させる（贈与）か、有償で承継させる（譲渡）か、検討が必要となります。いずれの手法を取るべきかについての判断のポイントは以下のとおりとなります。

	判断のポイント		メリットとデメリット
	オーナーの資金ニーズ	株式分散の状況	
① 贈与	**低い ⇒ オーナーは資金を受け取らない** 後継者に株式を**無償で与える**ため、オーナーは資金を一切得ることができない資金ニーズがある際には適さない	**分散していない ⇒ 贈与の選択可** **分散している ⇒ 買い集めてから贈与** オーナーが株式の大半を保有しているのであれば、後継者はこれを承継することで安定した経営が可能	オーナーから後継者へ無償にて株式を移転できるが、これに対する贈与税が課税される
② 譲渡	**高い ⇒ オーナーは資金を受け取る** オーナーに老後資金や納税資金などに備える資金ニーズがある場合、後継者の買取りによって**株式を換価できる**	**分散していない ⇒ 譲渡の選択可** **分散している ⇒ 買い集めてから譲渡** 株式が分散している状況では、後継者が一部の株式を承継しても経営は不安定となるため、他の株主からの買取りも必要	オーナーは譲渡代金を受け取ることができる一方で、後継者はそのための資金を調達する必要がある

　オーナーの資金ニーズが低く、株式の大半を保有しているケースにおいては、贈与による手法を選択するケースが多くなりますが、この場合、贈与税が生じることから、これに対する対策が必要となります。

　一方で、オーナーの資金ニーズが高く、また株式が分散しているような場合には、譲渡の手法を取ることで、オーナーを含めた既存の株主は資金を得ることができます。しかし、そのための資金調達を後継者側で行わなければならず、その方法を検討する必要があります。

Ⅱ-①. 「贈与」における対策選択のポイント

ここでいう贈与とは、お互いに合意のうえ、株式を無償で与えることを言います。

贈与を行うとその時点で贈与税が課され、またオーナーにとっては会社の支配権も失うことから、贈与における対策は、（1）課税負担がいかに軽減されるか、（2）納税のための資金確保、（3）贈与後の支配権確保、をどうするかがポイントとなります。

●選択可能な主要対策

主な対策	内容	対策手法の具体例
株価が下がる対策	●株式の評価額に対して贈与税が算出されるため、株価やオーナーの持株割合が下がると課税負担が軽減される	▶役員退職金の支払い [基本対策例1参照] ▶持株会の組成 [基本対策例2参照]
納税等の資金対策	●株式を贈与する（または後継者が相続を受ける）と、後継者は贈与税（または相続税）の納税が必要となるため、これを回避する、またはその資金確保を行う	▶相続時精算課税制度[事業承継に係る基本税制のポイント参照] ▶贈与税・相続税の納税猶予制度 [事業承継に係る納税猶予制度のポイント参照] ▶金庫株を活用した贈与税・相続税納税資金の確保 [基本対策例3参照] ▶保険を活用した相続税納税資金の確保 （※遺留分対策にも対応）[基本対策例4参照]
支配権の当面確保策	●株式の贈与を行うと、財産権とともに会社に対する支配権も移転するが、支配権の移転を一定期間留保することで経営の安定化を図る	▶種類株式の活用 [基本対策例5参照] ▶自己信託を活用した財産権の先行移転[基本対策例6参照]

Ⅱ-②. 「譲渡」における対策選択のポイント

ここでいう譲渡とは、後継者が有償でオーナーの保有する株式を買い取ることを言います。

譲渡におけるポイントは、いかにして株式取得資金を調達するかという点であり、資金調達の規模に応じて大まかに以下のような2つの手法が考えられます。

大半の株式を対象とする場合には多額の資金を要することから、銀行借入等を活用した株式取得の手法を取ることを検討します。

●選択可能な主要対策

主な対策と対策手法の具体例	内容	株式取得額の規模感	売主への課税	資金調達コスト
銀行借入による株式取得資金の調達対策 ▶持株会社の活用 [基本対策例7参照]	●持株会社を設立のうえ、銀行借入を行って、発行株式の全てを取得する（「銀行融資可能額＞株価」の場合）	中程度 （小規模会社や担保余力のある会社）	株式譲渡益課税	比較的、資金調達コストが低い銀行借入のみの活用
銀行借入及びファンドによる株式取得資金の調達対策 ▶ファンドの活用 [基本対策例8参照]	●株式会社を設立のうえ、銀行借入及びファンドから資金調達を行って、発行株式の全てを取得する（「銀行融資可能額＜株価」の場合）	中程度から多額まで （小規模会社から中規模以上の会社まで）		比較的、資金調達コストが高いファンド資金も活用

★ ＜後継者がいる場合＞ の事業承継における標準的対策

▶ 『稼ぐ力』の承継／株価の状況に合わせた計画的株式承継 《事業承継対策のスタンダード（A）》参照

▶ 法的問題点の解決（相続・遺留分／株式の分散防止）《事業承継対策のスタンダード（B）》参照

■「最適な対策の選び方」は、株式承継を軸にした株式会社における事業承継の考え方や対策を基準とした内容にしておりますが、対策とその手法の一部は、「株式」を「持分」や「事業用資産」に置き換えて、持分会社や個人事業者の事業承継においても活用することが可能です。なお、個人事業者の事業承継で活用できる主な対策については、[基本対策例（個人事業者向け）](pp.42-43) をご参照ください。

後継者は本当にいないのか

思い込みや諦めによる不本意な第三者承継や廃業で後悔しないための社内後継者探しの考え方

　親族内に後継者になる人材がいない場合に、M&Aで自社の経営権を第三者である外部企業へ譲渡する企業が増えています。しかしながら、それでも今後多くの後継者不在による黒字廃業が見込まれています。後継者不在の中小企業者・小規模企業者（個人事業主を含む）の事業承継支援策として、経済産業省が2019年12月に策定した「第三者承継支援総合パッケージ」では、2020年からの10年間で、黒字廃業の可能性のある約60万者に対して第三者承継を促し実現させることが目標とされています。そのため、これに該当する中小企業者や小規模企業者は、事業承継の支援機関等からM&Aや外部人材による承継などの提案を受けることになっていくだろうと考えられます。

　そして、後継者不在の中小企業等の経営者が、第三者承継によって活路を開き、事業の継続を実現していくことで、技術や雇用が守られていくことが期待されています。

　しかし、譲渡はできたものの望みどおりの状況にならなかった場合、もしくは譲渡先が見つからずに廃業せざるを得なくなった場合などには、自分の選択を後悔する経営者がいるかもしれません。

　社内には会社を継いでくれる人材はいないといった思い込みや諦めの気持ちから、対策の全てを専門家等に委ね、勧められるままに第三者承継を選択してしまうことが、その一因となりかねません。

　もし、本心では、事業の存続と雇用を守るうえで最適な後継者を自社内の役員や従業員の中から選んで任せたいという気持ちが強い場合は、本当に自社内に後継者候補がいないのかどうか、沈思黙考してみましょう。

　それでも、候補者さえいないと諦めかけている場合には、念のため、以下のような見方（Q&A）で改めて検証してみてはいかがでしょうか。以下の質問Qに対するご自身の回答が、Aに示す内容に近いものであれば、後継者不在の状況から抜け出して、自社内に後継者候補が見つかるかもしれません。

Q 自社内に後継者になれる候補者が一人もいないと思う根拠は何ですか。

A ① 「承継してくれる子がいない。親族以外の特定の個人には経営権の譲渡や贈与はしたくない。」

こういう見方もあります

●何かしらの理由で親族以外の特定の個人への経営権譲渡はしたくなくても、複数の人間で構成・設立された持株会や新会社への譲渡であればどうでしょう。例えば、社内に役員持株会または従業員持株会を組成（p.22参照）し、その持株会に株式を譲渡して承継してもらう方法、あるいは複数の役員や従業員が別会社を設立し、その会社に譲渡して承継してもらうMBO（p.38参照）やEBOといった方法があります。その中で誰かが代表者になるにしても、複数の人間がそれぞれの持分に応じた議決権を持つことで、特定の個人に議決権が集中することなく、協力して経営していく体制が強化されます。こういう方法と第三者への譲渡とどちらが望ましいか熟考してみましょう。

A ② 「自分のように優秀で、経営者にふさわしい人材は社内にいない。」「若すぎるので無理。」「継ぎたいと思う役員・従業員はいないだろう。」

こういう見方もあります

●自分の思い込みで決め付けていないかどうか、任せたらきっと役目を果たしてくれるにちがいないと思える（経営センス・経営能力もある）人材がいないかどうか、これまでの社業の歴史を顧みて、共に働き苦労をしてきた社員たちの活躍を思い出し、沈思黙考してみましょう。念のため、何人かの管理職以外の従業員等に、部下の立場の意見として、「自社内で人望が厚くリーダーとしてふさわしいと思う人物」について、さりげなく聞いてみるのもひとつの方法です。場合によっては、思いがけない人の名前が挙がるかもしれません。

●親族に後継者がいないことで第三者への株式譲渡や事業譲渡を検討し、M&Aの準備を進めている場合であっても、改めて、自分の思い込みを検証してみることで、自社内に後継者としてふさわしい人材を見つけ出せることがあるかもしれません。

そのためには、自社にとって望ましい事業承継のかたちに自らが気付き判断することが理想ですが、時に社内の人の意見や、自社の内部事情・状況をよく知る金融機関や専門家などの外部の人の意見も参考にしながら検証していくことで、判断の精度を高めることもできます。

③ 「経営権・財産権の譲渡で多額の現金を得ることが最優先事項ではないが、自社株式等の評価額が下がる対策をして、現状よりも大幅に低い価額で譲渡することはしたくない。現状の評価額自体それほど高いわけではないが、それでも自己資金で購入できる者は社内にはいない。」

こういう見方もあります

◉後継者個人による株式等（個人事業の場合は事業用資産）の買取りとなる場合は、後継者にあらかじめ十分な自己資金がないと譲渡は無理（個人が株式等の購入資金を金融機関から借入れすることも無理）であるとの思い込みから、第三者（外部の企業や個人）によるM&Aを選択せざるを得ないと考えている場合があるかもしれません。

ところが、日本政策金融公庫の「事業承継・集約・活性化支援資金」では、一定の条件を満たした代表者"個人"（代表者となった後継者個人）も株式等（または事業用資産）を取得するための資金の融資を受けることができます。

そればかりではなく、親族以外の後継者が経営陣や従業員と共に、別に会社を設立して資金調達する方法もあります。例えば、株式を取得するための会社を別に設立して、ファンド（p.35参照）からの出資を受ける。そのほか、持株会社（p.32参照）あるいはMBO（p.38参照）やEBOのための受け皿会社を設立して、株式購入資金の借入れを金融機関から行うことも可能です。

◉自分が元気でいるうちは、複数回に分けて段階的に譲渡することもいとわないのであれば、数年から10年程度の歳月をかけて譲渡していくことで、後継者の1回当たりの資金負担が相当に軽減されるため、全体の評価額が高くても賄える可能性が高まります。

◉属人的株式を活用する方法もあります［過半数未満の株式で50％超の議決権確保］（p.44参照）。

④ 「まだまだ債務が残っているし、後継者は金融機関から借入れをしない限り株式等を購入できないだろう。それならば当然、後継者はこれらの債務について個人保証（経営者保証）を徴求されることになる。そんな負担を背負ってまで後継者になりたい人材はいないはずだ。」

こういう見方もあります

◉2020年4月から運用開始された「事業承継時に焦点を当てた『経営者保証に関するガイドライン』の特則」では、金融機関は、原則として前経営者と後継者の双方から二重に保証を求めないようにすることと定められました。そして、後継者の個人保証については、保証設定時の事業承継への影響とそれに伴う地域経済や金融機関自身への影響等を十分に考慮し、『経営者保証に関するガイドライン』（2014年適用開始）で定められた要件の多くを満たしていない場合でも、総合的な観点から、個人保証を求めない対応ができないかどうかを慎重かつ柔軟に判断することが必要であるとされました。

さらに、経営者保証に依存しない融資慣行の確立を更に加速させるための「経営者保証改革プログラム」が2022年12月に策定され、民間金融機関向けの監督指針の一部改正によって、2023年4月から個人保証徴求手続きに対する監督が強化（手続きが厳格化）されるなど、後継者は以前よりも個人保証を徴求されにくい環境で事業の承継ができるようになりました。

◉民間金融機関では、前経営者が保証を提供している企業での代表者交代時（事業承継時）に、後継者から個人保証を徴求しない割合が徐々に増加しています。

また、政府系金融機関の日本政策金融公庫からの融資（「事業承継・集約・活性化支援資金」）では、一定の要件を満たしている場合、経営者の保証を免除する「経営者保証免除特例制度」の適用を受けることが可能です。

　これらの角度から検証した結果、もし候補者が見つかったとしても、何かしらの問題が払拭されない限り、本人が後継者になることを望まないこともあるかもしれません。その場合は、解決すべき課題を明確にし、専門家などにも相談しながら、対策を考え尽くすことです。

　本来は、早めの段階から、将来の後継者について考え始め、候補者を探し、経営者教育などで準備を進めておくことが望ましいかたちですが、差し迫った状況であっても、自社内の優秀な人材に託したい気持ちが強ければ、ぎりぎりまで探すことを諦めないことが肝要ではないでしょうか。

まずはお金をかけずに『稼ぐ力』を承継させる
～納税・借入れ等の負担を軽減させるためにも、計画的にタイミング良く～

　自分が築いてきたもの、守ってきたものを次世代につないでいくことが事業承継です。

　後継者が不在の場合には、M＆A等、別の検討が必要ですが、ここでは後継者がいるケースを前提とし、承継とお金の問題にフォーカスして対策を説明します。

対策のスタンダード

> **I．『稼ぐ力』に着目し、お金の負担（納税・借入れ等）を最小限に抑えて承継させる**
>
> **II．株式評価額が下がったタイミングを逃さず、税金が安くなるときに承継させる**

I．『稼ぐ力』に着目し、お金の負担（納税・借入れ等）を最小限に抑えて承継させる

　事業を承継させるということの意味を、今一度振り返ってみましょう。

　事業は、「技術やノウハウ」「人材（従業員）や顧客・人脈」「物的財産」「理念や哲学」からなっている「組織やインフラ」です。この組織が継続的に発展する仕組みが事業であるといえます。

【お金をかけずに引き継げるものはたくさんある】

　オーナーが保有する自社の株式（議決権）や事業用資産を後継者に贈与・譲渡した際、あるいは後継者がそれらを相続した際は、価額等に応じて、後継者またはオーナーに課税されることになります。譲渡の場合は、後継者は購入資金が必要になります。つまり、事業の承継には、通常、何かしらのお金がかかります。

　しかし、承継してもお金のかからないもので、後継者が承継すべきものはたくさんあります。**「技術やノウハウ」「人材（従業員）や顧客・人脈」「理念や哲学」は、事業にとって収益力の根幹**として非常に重要です。ところが、**後継者がオーナーからこれらを受け継いだり、習得したり、身に付けたりすることにお金の負担（納税・借入れ等）は伴いません**。そのうえ、現代はいわゆる「サービス経済化」が進展しています。収益力の根幹は、お金のかかる「物的財産」よりも、それ以外のものに比重が移っています。したがって、**将来収益の根幹であり、『稼ぐ力』であるそれらを、まずは承継すべき**なのです。［⇒自社の現状を把握・整理し、p.93「私の引継ぎメモ②」で記入してみましょう。］

【個人の有する『稼ぐ力』の承継も重要】

　また忘れてはならないのは、『稼ぐ力』のうち人脈や理念等は、組織に帰属するものだけでなく、経営者個人に帰属するものも多いということです。後継者がこれらをきちんと承継することも、非常に重要な事業承継対策です。

　そして、「教育」も重要です。扶養義務者相互間でその都度、必要に応じてする贈与は非課税とされているほか、現在は、教育資金一括贈与の非課税制度もあり、これらをうまく利用することも対策の一つです。

【お金のかからない事業承継の具体例】

　Ａ社は、飲食関係の店を多店舗展開している。オーナー〔Ａ社の大株主である創業者の会長〕の指導で、息子である二代目の社長（甲）は優れた経営者として育っている。業績は好調で、店舗数は拡大を続け、株価も上昇傾向にある。また、オーナーの孫（甲の長男）もＡ社で働く中で会社経営に興味を示しており、事業のさらなる成長が期待される。これを機に、このままＡ社を大きくするのではなく、現経営の中心である甲と孫が新会社（株主は孫）を設立して自ら事業展開を図ることが得策であるとオーナーと甲は判断し、次の方法で事業承継を実現。

❶現状
[オーナー（株主）]

```
A社
飲食チェーン
[社長：甲]
```

❷新会社設立
[オーナーの孫(株主)]

```
B社
甲とオーナーの孫による
飲食チェーンの設立
[社長:甲(A社も兼務)]
```

❸A社ビジネスモデルをB社で展開
[オーナーの孫(株主)]

```
B社
飲食チェーン
甲社長の経営ノウハウにて
事業展開（新規店舗展開など）
```

A社における採算の悪い店舗を整理し、収益の上がる立地の店をB社で新規開設

◆甲社長とオーナーの孫がB社に心血を注いだことで、B社に利益が蓄積されるようになる
◆A社は不採算店舗の整理などへの注力によって、精鋭店舗だけが残り規模はスリム化し、経営は安定

❹オーナーのリタイアに伴いA社株式を適宜の割合で譲渡・贈与

[オーナー（株主）] → [甲社長 (株主)]

A社株式の譲渡・贈与

甲の自己資金で譲渡分の代金支払い
※甲によるオーナーからの一部買取り
※オーナーによる甲への一部贈与

```
A社
飲食チェーン
```
↓
```
A社
飲食チェーン
```

❺A社株式譲渡・贈与後
[オーナー]

預金
・譲渡で得た現金は、オーナーが自由に使える資金として確保
・将来の相続税の納税資金にもなる

　上図③の段階まで、経営ノウハウなどの『稼ぐ力』を受け継ぐこと自体にはお金はかかりません。④の段階でも、株式を譲渡（有償）せずに、贈与のみとする場合は、後継者はお金の負担を最小限に抑えることができます。贈与分の評価額と後継者の自己資金の状況によっては、課税価格から2,500万円の特別控除を受けられる相続時精算課税制度 (p.68 参照) を選択することで、納税資金の借入れをせずに済む可能性は十分にあります。あるいは納税猶予制度の適用を受けて、この時点での納税が発生しないようにすることも可能です。

《贈与か譲渡、どうする？　~オーナーの手元資金確保の必要性や後継者の状況等に応じて判断~》

　上図④の段階で、贈与のみの方法を取れば、後継者の負担を最小限に抑えることが可能となりますが、A社株式の一部または全部を譲渡（有償）することで、オーナーは自由に使える手元資金を確保することもできます。

　会社運営の安定のために、すべての財産を会社で蓄積し、株価は高くなっていても、個人として自由に使える手元資金が十分ではないと感じているオーナーは少なくないと思われます。

　手元資金の確保が必要となり、A社株式を譲渡する場合は、オーナーには、株式の譲渡益に対して、固定税率である20.315% が課税されます。それでも、この税率は、自由に使える手元資金を役員退職金や役員報酬で確保する場合に比べて、通常は低くなりますので、その点では有利です。

　また、後継者への譲渡ではなく、A社株式をB社に譲渡するという選択肢もあります。B社が順調に業績を伸ばしている場合には、B社は銀行からの株式購入資金の借入れがし易くなり、後継者個人の資金負担も発生しないことから、有力な選択肢のひとつと言えるでしょう。

※この譲渡のかたちは、持株会社の活用（p.32）に似ていますが、B社を持株会社にしなくても実現可能です。

　一方、株式の大半を贈与し、手元資金は役員退職金 (p.20参照) で確保するという方法もあります。ただ、オーナーに対する課税面では、退職金の場合、退職所得の金額 [（収入金額－退職所得控除額）×1/2] によっては、株式譲渡の場合よりも税率（※）が高くなり（20.315%を超え）、納税額が多くなります。もっとも、退職金支給は、法人税が減少し、株価評価が下がる面もあります。

※所得税・住民税・復興特別所得税が全て課税された結果としての率

　そのため、譲渡と贈与の割合をどうするか、贈与だけにするかどうか、譲渡にするか退職金にするかなどについては、オーナーと後継者の希望や状況に応じて柔軟に判断すればよいでしょう。

Ⅱ. 株式評価額が下がったタイミングを逃さず、税金が安くなるときに承継させる

　非上場株式の評価は、株主構成、会社の業績、保有資産の内容等により大きく異なります。

①会社の業績面では、損失が出るなどして会社の業績が悪くなると、評価額は大きく下がることになります（その理由は下記の 見逃せない！【着眼点】をご参照ください）。特にこれまで業績が良かった会社ほど、業績が悪化した時の評価が下がりやすいといえます。

②保有資産面では、例えば、大型不動産投資をすると、株式の評価額が大きく下がることがあります。時価と相続税評価額に差があるためで、賃貸用建物の場合はその建築価額に対し、建築から3年経過後、相続税の評価額は半分以下になります。

　こうした**タイミングを逃さず、株式の引き継ぎ・移転を行う**のです。

　また、評価額が低いうちに、年間110万円の非課税の範囲内で株式贈与（暦年課税制度の利用）を行うことで、後継者の負担を最小限に抑える事業承継を実現できる可能性が高まります。2027年以降の相続税の課税では、現在3年の生前贈与加算が4年、5年と1年ずつ増えて7年まで延長されるものの、暦年課税制度の有利性は残ります。相続時精算課税制度を利用した贈与はさらに有利になります。

株価評価の下がるタイミング	
会社の業績面	保有資産面
●役員退職金の支給により特別損失が出た	●建物の建築（建築から3年経過後）
●含み損のある不動産の売却により特別損失が出た	●土地の購入（購入から3年経過後）
●大型新規事業を開始したが、初期段階なので業績が悪化した	●M＆Aによる事業会社買収
	●オーナーの役員退職金支給による資産減少

見逃せない！【着眼点】利益が下がると自社株の相続税評価額が大きく下がるのはなぜか

オーナー社長が保有する自社株の評価額は、「類似業種比準価額」と「純資産価額」からなる（p.84参照）。（類似業種比準価額＜純資産価額 となることが多い）

　↓

会社の規模等によって、そのウエイトは異なるが、規模が比較的大きい会社では類似業種比準価額の**ウェイトが90%～100%になる**

　↓

類似業種比準価額が高くなる原因としては、次のようなものがある。

①1株当たりの配当が多い	②1株当たりの利益が多い	③1株当たりの純資産（帳簿価額ベース）が多い

　↓

これらのうち、②の1株当たりの利益は、上記タイミング表の「会社の業績面」で示す例のような状況になると、大きく下がる場合がある。右の表のとおり、高収益の会社では利益が100％減少すると、類似業種比準価額は6割以上減少する。

高収益の会社では、利益が100％減少すると、株価が6割減少する。

(単位：円)

	現状	ケース1	ケース2	ケース3
一株当たり利益	100	0	20	50
利益・純資産減少額		100	80	50
一株当たりの株価（※）	671.40	260.60	343.30	466.00

※株価は下記（株価計算上の前提条件）参照

	現状	ケース1	ケース2	ケース3
株価減少率	6割減少	61.2%	48.9%	30.6%
利益減少率		100.0%	80.0%	50.0%
利益減少比例率		61.19%	61.09%	61.19%

（株価計算上の前提条件）

(単位：円)

類似業種の株価等の現状			当評価会社の配当金額等の現状		
株価	A	438.0			
一株当たりの配当	B	5.3	一株当たりの配当	b	5.0
一株当たりの年利益	C	26.0	一株当たりの年利益	c	100.0
一株当たりの純資産	D	554.0	一株当たりの純資産	d	1,000.0

事業承継における主な法的問題点（相続・遺留分・株式分散）とその対策

　事業承継においては、現経営者が保有している株式等（株式または持分）や事業用資産を後継者に円滑に承継させることが必要不可欠です。そのためにも、事業の承継と相続・遺留分や株式分散への対策について可能な限り早期に元気なうちから考え始め、計画的に実施することが肝要です。

対策のスタンダード

Ⅰ．相続・遺留分対策 ⇒遺言書の作成／遺留分の事前放棄／除外合意と固定合意
Ⅱ．株式の分散防止対策 ⇒譲渡制限／売渡請求／種類株式の活用による議決権の集約

Ⅰ．相続・遺留分対策

　現経営者が相続人である（または相続人以外の）後継者に対し、生前に自社の株式等の議決権や事業用資産を贈与や不当に安い価格での譲渡によって集中させたり、遺言で相続させ（または遺贈し）たりすると、後継者を除く相続人の遺留分（下記【遺留分とは】ご参照）を侵害する場合があります。

　民法（相続関係）（以下本項で「相続法」といいます。）の改正前（2019年6月30日以前）は、後継者への自社株式や事業用資産の生前贈与・遺贈により遺留分を侵害された相続人が、先代経営者の相続開始後（死亡後）、遺留分減殺請求権を行使すると、それら株式等の財産がいったん全て遺留分権利者との共有となり、協議で解決するまでは共有状態が続いて議決権を行使できず、会社経営に支障をきたす場合もありました。後継者は、協議によって、遺留分に相当する財産（自社株式など）を返還するか、事業用資産の売却などをしてそれに相当する価額を賠償しなければなりませんでした。

　しかし、相続法の改正（2019年7月1日施行）により、現在、遺留分権利者は、遺留分侵害額請求権を行使することで、遺留分侵害額に相当する "金銭債権" のみを取得することができます（民法1046条1項）。つまり、後継者は遺留分侵害額に相当する金銭を遺留分権利者に支払えばよく、遺留分の侵害が原因で議決権が分散したり、事業そのものの継続が困難になったりするなどといった事態の回避と円滑な事業承継を実現しやすくなっています。

　また、後継者が "法定相続人" であれば、遺留分の算定に加算される贈与財産価額は、相続開始前（死亡前）10年間（後継者が相続人以外の場合は1年間）に婚姻若しくは養子縁組のため又は生計の資本（自社株式等や事業用資産も該当）として受けた贈与の価額に限られる（民法1044条3項、1項）ため、それよりも前に贈与した分については加算の対象外となります。つまり、後継者への株式等や事業用資産の贈与を十分元気なうちに計画的に行うことができれば、後継者の負担が軽減されることにつながります。

【遺留分とは】

✓ 最低限の相続分を保障するための制度で、遺留分を持っているのは、相続人のうち、配偶者、子、直系尊属（民法1042条）で、兄弟姉妹は遺留分を持っていません。

✓ 遺留分の割合は、全体で被相続人の財産の2分の1です（相続人が直系尊属のみの場合は3分の1）。

✓ 遺留分算定の基礎財産は、被相続人が相続開始の時に有していた財産の価額に一定の生前贈与（※1）した財産の価額を加算し、債務額を控除した金額で、これに前記遺留分の割合と自らの法定相続分を乗じた金額が遺留分となります（法定相続分については、p.70の※6をご参照ください）。

◆ 遺留分算定の基礎財産 ＝ 相続開始時の積極財産 ＋ 贈与財産 － 相続債務

◆ 遺留分 ＝ 遺留分算定の基礎財産 × 個別遺留分割合 ［＝法定相続分の割合 × 1/2］

※1：相続開始前の1年間（相続人の場合は10年間）にした特別受益に該当する贈与（民法1044条1項、3項）、相続開始前1年（相続人の場合は10年）より前の贈与で、被相続人と贈与を受ける者が遺留分権利者に損害を与えることを知って行ったもの（民法1044条1項、3項）、不相当な対価で行われた有償行為（不当に安い価格での譲渡等）で、当事者双方が遺留分権利者に損害を与えることを知って行ったもの（加算の対象は不相当な対価を控除した残額）（民法1045条）等がこれに該当。

■ 遺言書の作成

　　安定した事業の継続を望む経営者は、後継者に任せられる状況になったことを実感できない限り、つい頑張り続けて事業承継の好機を逃してしまうことがあります。どのタイミングで後継者へ事業を引き継ぐべきかを悩んでいる年月の間に、突然亡くなられてしまうこともあります。そういう万が一に備えるうえで、そして遺留分対応の観点からも、早い段階から遺言書を書き残しておくことは効果的です。

　　遺留分対策として後継者を除く相続人の遺留分に配慮しつつ、事業承継対策として相続人である（または相続人以外の）後継者に自社株式等や事業用資産を相続させる（または遺贈する）遺言を残すことを検討することが必要です。

　　要件の不備などによって遺言の法的効力が否定されることがないよう、事業承継においては、基本的には、自筆証書遺言などよりも"公正証書遺言"によることが望ましいです。もっとも、早めに遺言書を作成し、亡くなられるまでに事業や財産、家族構成等の状況が変われば、その都度遺言書を作り直す必要が生じます。その手間などを考慮すると、事業承継の好機が近くなるまでの間は、自筆証書遺言で状況の変化にも対応し、承継の頃合いを見計らって公正証書遺言に変更するのが現実的かもしれません。そのためにも、自筆証書遺言を作成する場合は、不備などが生じないように、弁護士から助言を受けるなどすると安心です。また、今では（2020年7月10日以降）、自筆証書遺言を法務局で保管してもらえるようになっていますので、活用を検討しましょう。

■ 遺留分の事前放棄

　　相続の開始前（死亡前）であっても、各相続人が遺留分を放棄することができます。ただし、家庭裁判所の許可が必要です（民法1049条1項）。

（注）「家庭裁判所において事前放棄が許可されない」／「相続人毎に家庭裁判所の判断が異なる」こともあります。

■ 除外合意と固定合意 ［経営承継円滑化法の定める遺留分算定の特例］

（1）中小企業における経営の承継の円滑化に関する法律（経営承継円滑化法）では、後継者と先代経営者の推定相続人全員で、後継者が先代経営者からの贈与（※2）により取得した株式等（会社の場合）や事業用資産（個人事業者の場合）及びそれ以外の財産の全部または一部について、
　　　イ）遺留分算定の基礎財産から除外する合意をすること（除外合意）、
　　　ロ）遺留分算定の基礎財産に算入する価額を合意時の時価に固定する合意をすること（固定合意）
　　が認められています。［会社の場合はイ）ロ）の一方または双方を利用できますが、個人事業主の場合はイ）のみ利用できます。］

（2）「除外合意」ができれば、後継者が贈与（※2）を受けた株式等（株式または持分）や事業用資産ついて、後継者を除く相続人が将来遺留分を主張できなくなるため、株式等の議決権や事業用資産の分散を防止できますし、
　　「固定合意」ができれば、将来の遺留分侵害額請求権に対応した価額賠償の額が固定化されるため、後継者はこれに対応した準備をすることができます。

利用するための主な要件	① 合意時点において3年以上事業を継続している中小企業者（※）であること ※経営承継円滑化法上の中小企業者（会社及び個人）[p.72「経営承継円滑化法上の中小企業者」の表ご参照]
	② 先代経営者が過去または合意時点（※）において代表者であること ※会社の場合は代表者の複数設置が可能なため、合意時点で後継者と共に代表者である場合も考えられる。個人事業の場合は過去（合意時点は含まない）において代表者（個人事業者）であった者。
	③【会社の場合】申請者である後継者が合意時点において代表者で、先代経営者から株式等の贈与を受けたことなどにより、議決権の過半数を保有（※）していたこと ※ただし、合意時点において、後継者が保有する自社の株式等のうち、合意の対象とした株式等（先代経営者からの贈与により取得した株式等）を除いたもの（有償で取得した株式等）に係る議決権の数が総株主または総社員の議決権の過半数以下であったこと。
	【個人事業の場合】申請者である後継者が合意時点において、先代から事業用資産全ての贈与を受けた代表者（個人事業者）であったこと
必要な手続き	① 合意書の作成　　　　　　（注）会社の場合、固定合意をする際は、株式等の価額の適正を裏付ける弁護士、公認会計士、税理士等による証明書を添付すること。
	② 合意をしてから1カ月以内に、経済産業大臣の確認を申請すること
	③ ②の確認後1カ月以内に、家庭裁判所に許可の申立てをすること

※2：先代からの贈与以外では、当該株式等（個人事業者の場合は事業用資産）の受贈者（先代から贈与を受けた先代の配偶者など）からの相続により取得した場合も対象となります。

Ⅱ．株式等の議決権の分散防止対策

　事業承継においては、後継者が会社の重要事項を決定できるよう、<u>後継者に議決権を集約する</u>ことが肝要で、<u>株式等（株式または持分）の議決権の分散を防止する</u>対策が必要です。

■ 譲渡制限等を活用する方法

（1）<u>株式等の譲渡制限を定款に定める</u>

　例えば株式会社の場合は、<u>株主が株式を譲渡する際の条件として、**会社（取締役会または株主総会）の承認を必要とする**旨を定款に定める</u>ことにより、株式の分散を防止することができます（会社法108条1項4号、136乃至145条）。<u>株式を譲渡された場合に、会社が当該譲渡を承認せず、会社が株式を買い取ること、または後継者を買取人として指定する（会社法140条）ことにより、株式が分散することを防止</u>できます。

　もっとも、譲渡制限株式の定めを設ける場合には、通常の定款変更と異なり、株主総会の特殊決議（会社法309条3項1号。議決権を行使することができる株主の半数以上で、かつ、当該株主の3分の2以上の多数で決議すること。）が必要です。また、これに反対する株主は株式買取請求権を行使することができます（会社法116条1項1号）ので、会社は、定款変更の効力が発生する日の20日前までに、株主に対する通知または公告を行わなければならないとされています（同条3項、4項）。

　他方、譲渡制限株式としたうえで、一定の場合には譲渡承認があったものとみなすこと（会社法107条2項1号ロ、108条2項4号）や、譲渡が承認されなかった場合の買受人を予め指定しておくこと（会社法140条4項、5項）もできます。

（2）<u>株式の売渡請求を定款に定める</u>

　（1）の株式の譲渡制限は、後継者による相続や合併などの一般承継（権利義務の包括的承継）で取得されたものには適用されませんが、<u>譲渡制限株式を相続した相続人に対して、会社がその株式を売り渡すよう請求できる旨を定款に定める</u>ことができます（会社法174条）。これにより、<u>少数株主等の相続による株式の分散（例：株主であった役員等の死亡により、その相続人が株式を保有するなど）を防止</u>することができます。

　この定款の定めにより、後継者を除く相続人等の一般承継人に対して売渡請求をする場合でも、株主総会の特別決議が必要となります（会社法175条1項、309条2項3号）ので、注意が必要です。

■ 種類株式を活用する方法

　定款に定めることで、会社は多様な内容の株式（種類株式）を発行することができます（会社法108条）。前述の譲渡制限株式もこの種類株式の一つですが、そのほか、<u>議決権制限株式や拒否権付株式（黄金株）、取得条項付株式などを活用すれば、後継者に議決権を集中させたり、あるいは後継者の議決権行使を抑止</u>したりすることができます（これらの種類株式については、基本対策例5のp.29をご参照ください）。

　ところで、**黄金株**は、後継者の意思決定を否定できるほどの強い力をもつために、後継者以外の第三者に取得されると、会社経営に重大な支障をもたらしかねません。そこで、当初発行を受けた保有者一代限りとしたい要請があろうかと思います。

　そのような場合は、黄金株を譲渡制限株式として発行すること、相続の発生や黄金株保有者の意思能力の低下等を条件とする取得条項付株式として発行することなどが考えられます。また、黄金株を後継者など特定の者に承継させたい場合は、万が一に備えて、発行と同時に、公正証書遺言などの遺言書を作成しておくことが望ましいです。

［基本対策例1］役員退職金を活用した事業承継対策

【こんな場合に】後継者がいる ⇒ 株式の贈与を希望 ⇒ 株価が下がる対策

※「事業承継のベストシナリオ」(pp.4-5) と「最適な対策の選び方」(pp.10-11) もご参照ください。

対策の ポイントと効果！

（1）株価が下がる効果により株式を円滑に承継させることができる
（2）オーナーの退任により後継者の自覚が芽生える

1　役員退職金の支給による事業承継対策の流れ

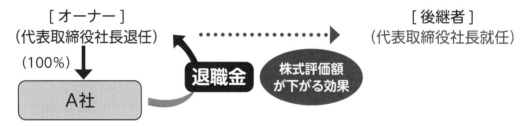

❶オーナー退任（退職金支給）

　　　　　［オーナー］
（代表取締役社長退任）
（100%）

退職金

株式評価額が下がる効果

❷代表取締役就任

　　　　　［後継者］
（代表取締役社長就任）

A社

❸株式の贈与（翌期の1年間に）

　［オーナー］　・・・・▶　［後継者］
株式の贈与

A社

（株価が下がり後継者の税負担軽減）

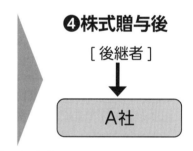

❹株式贈与後

　　　［後継者］

A社

（注）「↓」は、株式の保有状況を示しています。

ここが 勘どころ

①退職金は税負担が少なく済むため、より多くの現金を手元に残すことができる。

役員の退職所得に係る税額＝（収入金額－退職所得控除額(注1)）×1/2(注2)×税率

（注1）退職所得控除額
　　　　勤続年数20年以下：40万円×勤続年数
　　　　勤続年数20年超　：800万円＋{70万円×（勤続年数－20年）}
（注2）役員任期が5年以下の場合は、「2分の1」を乗じることはできない。

②株価が下がる効果は、退職金支給年度終了後1年間のみ。

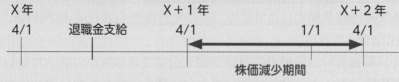

③退職金相当額の資金が必要となるため、内部留保にゆとりがなければ、事前に保険を活用した積み立てをしておく、あるいは運転資金に不安があれば、支給時に金融機関から融資を受けるといった資金の調達方法も検討しておく必要がある。

④役員退職金を分割払いにして未支給分を未払計上すると、損金として認められなくなる場合があるため、一括で支給することが望ましい。

2 　役員退職金活用のメリット・デメリット

(1) 対策の仕組みとメリット

①退職金支給により後継者へのバトンタッチを明確にし、経営者としての自覚を芽生えさせることができる。

②退職金は税負担が少ないため、より多くの現金をオーナーの手元に残すことができ、その現金を相続税の納税資金対策や遺留分対策などに活かすことができる。

③退職金支給に伴う多額の現金支出を、内部留保の取崩しによって賄うと、株価の純資産価額（p.87 参照）が下がる。また、退職金の支給という損失計上で法人の課税所得が減少すること等により、類似業種比準価額（p.86 参照）も下がることとなる。

④オーナーの退任と株式の移動をセットで行うため、対外的にも説明がつきやすい。

(2) デメリットと留意点

①退職金支給のため、運転資金に不安があれば、多額の資金を調達する必要がある。

②退職金を受け取ったオーナーは、経営の第一線から退く必要がある。

③退職金の支給により株価が下がるのは、退職金を支給した年度の翌事業年度の1年間だけであり、それを過ぎると効果は半分以下になってしまう。

④役員退職金規程や株主総会での決定などの手続きを確実に踏む必要がある。著しく高額な役員退職金の場合、過大役員退職金（※）と判定され、過大とされる部分（限度額を超える部分）について、法人税の損金に算入できずに有税扱いとなる恐れがある。

※過大役員退職金
【役員退職金の一般的な算定方法】

①功績倍率法：	最終報酬月額×在任年数×功績倍率（＋功労加算）
②1年当たり平均額法：	比較法人の1年当たり平均退職金額×在任年数
③役位別定額法：	役位別定額×役位別在任年数

最終的には、支給金額と諸々の事情（法人の業務に従事した期間、退職の事情、その法人と同種の事業を営む法人でその事業規模が類似するものの役員に対する退職給与の支給の状況等）を加味したところの実態で判断するが、これを著しく上回る場合には、"過大役員退職金"と判定されることがある。

●役員退職金規程、議事録等の整備が望まれる。
◆敢えて"過大役員退職金"を支給するケースの考え方については、「役員退職金活用をめぐる事業承継対策の盲点」（p.52）をご参照ください。

3 　対策を実行したオーナーのご感想

(1) メリットを強く感じたところ

退職金で多額の現金が入ったため、将来の相続税の納税資金も確保することができた。

また、自社株については、株価が低くなったため、後継者に少ない税負担で株式を移すことができ、これで名実ともにバトンタッチすることができた。

何より、退職金を貰って自分が完全に引退したことにより、後継者に経営者としての自覚と責任が生まれたことが大きい。

(2) 苦心をしたところ

今まで役員退職金規程などがなく、計算の根拠があいまいであったため、過大役員退職金として否認されないように、この機会に諸規定を整備した。

また、退職金は多額に上るため、前もって保険で外部に資金を積み立てたり、金融機関に融資を相談したりと、運転資金に影響を与えないように、事前に資金調達方法の工夫が必要であった。

［基本対策例２］持株会を活用した事業承継対策

【こんな場合に】後継者がいる ⇒ 株式の贈与を希望 ⇒ 持株割合（贈与株式の総額）が下がる対策
※「事業承継のベストシナリオ」(pp.4-5) と「最適な対策の選び方」(pp.10-11) もご参照ください。

[基本対策例２] 持株会

対策のポイントと効果！

- （1）オーナーの保有株式数が減少し、贈与時の後継者の負担軽減につながる
- （2）経営権・株式の社外流出を防止できる
- （3）役員や従業員の福利厚生につながる（配当金）

1 役員持株会・従業員持株会の組成による事業承継対策の流れ

※この対策では、役員や従業員との結束力や協力体制の強化とともに、持株会への株式の一部譲渡によるオーナーの持株割合の低下で、後継者へ株式贈与する際の課税負担の軽減が期待できる。

（注）後継者がいない場合は、役員持株会や従業員持株会に株式の大半を譲渡するなどして事業を承継させる（筆頭株主等にする）ことも可能（ただし、個々の持株比率等によっては配当還元価額での譲渡ができない場合がある）。

❶現状
［オーナー］

A社の株式
100%保有

❷持株会の組成・加入
［役員／従業員］
↓ 持株会へ加入

持株会

❸株式購入資金の振込
［役員／従業員］
↓ 株式購入資金の振込

持株会

❹株式の譲渡
［オーナー］

A 社
100%

譲渡代金の支払い ←

→ 持株会

オーナー保有のA社株式の一部譲渡（△△%）

個人(売主) 対 個人(買主) 取引 (p.89 参照)
《特例的評価額（配当還元価額）》

❺株式譲渡後
［オーナー］＋［持株会］
（□□%）＋（△△%）

A社
100%
（□□%＋△△%）

オーナーの持株割合の低下
（保有株式数の減少）

ここが勘どころ

①オーナーは、株式を「配当還元価額（※）」で譲渡することができ、役員持株会や従業員持株会は、他の評価方式による評価に比べて、一般的に低い価額で株式を購入することができる。
　※「配当還元価額」は、会社からの配当金（2年間の平均額）を基に計算 (p.88 参照)。

②持株会の会員になる役員や従業員は、株式購入資金を準備しなければならない。

③持株会の会員に配当を出す場合には、A社 → 持株会の口座 → 持株会の各会員の口座の流れで、お金を振り込むことになる。

④株式を譲渡したオーナーは、株式を譲渡した年の翌年3月15日までに、株式の譲渡益について、確定申告をしなければならない。

2　持株会のメリット・デメリット

（1）対策の仕組みとメリット

①<u>役員・従業員の財産形成と会社経営への参加意識向上に伴う結束力・協力体制の強化につながるともに、オーナーの持株割合が低下してから後継者へ贈与することにより、後継者の税負担が軽減されることにもつながる。</u>

②持株会は、通常、安定株主に該当するため、<u>経営権の社外流出を防止</u>することができる。

③<u>持株会は、通常、"少数株主"に該当するため、オーナーが保有する自社株式は、「配当還元価額」で持株会に譲渡することができる</u>（p.84参照）。

　　※配当還元価額（p.88参照）が、原則的評価方式［類似業種比準価額方式、純資産価額方式、あるいはこれらの折衷方式（p.84参照）］による評価額よりも高くなる場合は、原則的評価方式により評価された価額で譲渡する。

④<u>持株会が保有する自社株式の名義は、持株会の理事長名義になり、議決権の行使も理事長が一括行使することになる。</u>

　そのため、将来、持株会の会員数が増えていったとしても、株主総会の運営にあたって、影響が出ることは少ない。

　（理事長の議決権行使に先立って、持株会の各会員は、理事長に対して、自身の持分に応じた議決権行使ができる。）

（2）デメリットと留意点

①持株会の組成にあたって、持株会の規約をつくり、会員資格（※）を定めなければならず、定め方によっては、役員や従業員のモチベーション低下を招くことになる。

　　※<u>役員や従業員の退職時や死亡時における株式の分散を防止するためにも、会員資格の</u>ひとつとして、<u>会員を限定する</u>（役員持株会の場合は役員であること、従業員持株会の場合は従業員であることに限定する）ことが重要。

②持株会の退会者が多数出た場合、退会者が保有する株式（※）の次の引受人を見つけるのに苦心することがある。

　　※<u>退会者の株式</u>については、退会者が次の引受人を探して譲渡するのではなく、まずは規約上、<u>持株会が買い取る前提とする</u>ことが重要。

3　対策を実行したオーナーのご感想

（1）メリットを強く感じたところ

　従業員持株会を通じて、従業員に自社株式を保有させたことで、会社の業績に応じてではあるが、従業員は配当金を収受することができるようになった。

　結果として、従業員のモチベーション向上につながり、会社の業績は更に伸びていった。

（2）苦心をしたところ

　従業員持株会の組成にあたって、会員資格を管理職以上の従業員としたが、現状において管理職でない従業員の理解を得るのに非常に苦心した。

［基本対策例3］金庫株を活用した事業承継対策

【こんな場合に】後継者がいる ⇒ 株式の贈与を希望 ⇒ 納税等の資金対策
※「事業承継のベストシナリオ」(pp.4-5) と「最適な対策の選び方」(pp.10-11) もご参照ください。

対策のポイントと効果！
- (1) 贈与税・相続税の納税資金を確保できる
- (2) 好ましくない株主への相続による株式の移転を阻止できる

【金庫株とは】株式会社が保有する自己の株式（自己株式と同義）。
会社は株主総会等の決議を経て、自己株式を自由に取得・保有することができる。

1 金庫株を活用した事業承継対策の流れ

■納税資金の確保 [特に相続により取得した株式の場合に活用メリット大]

❶現状
［オーナー］
A社の株式 100%保有

❷贈与・相続による株式の移転
［後継者］
A社の株式 100%保有

❸金庫株により納税資金を調達
［後継者］
株式 / 現金
納税 → 税務署

個人(売主) 対 法人(買主) 取引
《原則的評価額》(p.89 参照)

A社
金融機関から資金を調達し、後継者が受贈・相続した株式の一部を金庫株として買い取る

借入金 ← 金融機関等

❷少数株主の相続人等からの買取り

❶現状
［オーナー］+［少数株主］
（90%）+（10%）
A社

❷少数株主に相続発生
［オーナー］+［相続人］
（90%）+（10%）
A社

❸相続人からの買取り
［オーナー］ (100%)(※)　［相続人］
株式 / 現金

個人(売主) 対 法人(買主) 取引
《特例的評価額》(p.89 参照)

A社
借入れにより、相続人から持株を金庫株として買い取る

借入金 ← 金融機関等

※株主の**持株比率**は、会社保有の**自己株式**(本例③では**金庫株10%分**)を含めずに表す。金庫株を除く株式（本例③では90%分）に対する各株主の保有割合であるため、本例③のオーナーは90%ではなく100%となる。

ここが勘どころ

①原則として、保有する自社株を金庫株で会社に譲渡した株主には、みなし配当課税が適用されるため、一般的な譲渡よりも税負担が大きくなる可能性がある。

②ただし、相続税を課税された後継者等が、その"相続により取得"した自社株を相続開始日の翌日から相続税の申告期限の翌日以後3年を経過する日までの間に、金庫株として会社に譲渡した場合には、その所得の全額に対して、みなし配当課税よりも低い税率（一定額以上の所得の場合）での課税となる株式譲渡益課税が適用される。[※みなし配当課税は給与などの他の所得と合算して課税される総合課税（最高税率49.44%）。株式譲渡益課税は他の所得とは合算課税されない分離課税（税率20.315%)。]

③金庫株による株式の取得は、原則として、株主総会の決議が必要となるため、他の株主に、買取りの内容を知られてしまう可能性がある。

2 金庫株活用のメリット・デメリット

❶納税資金の確保［特に相続でメリット大］

(1) 対策の仕組みとメリット

①換金性の乏しい<u>非上場株式をお金に換え、納税資金を確保する</u>ことができる。

②後継者が相続により取得した自社株を金庫株により譲渡することで、<u>株式譲渡益課税の適用を受ける</u>ことができる。（「ここが勘どころ！」②参照）

③相続により取得した株式等の財産を②の規定と同じ期間内に譲渡した場合において<u>取得費加算の特例（※）の</u>適用を受けると、譲渡による所得税の軽減につながる。

※譲渡所得の計算上、相続税額のうち一定金額を譲渡資産の取得費に加算することができる制度。

(2) デメリットと留意点

①<u>分配可能額（≒資本剰余金＋利益剰余金）を超える買取りはできない。</u>

②他の株主からも、金庫株での買取りを要求される可能性がある。

③後継者は、後継者以外に株主がいる場合で、総議決権数の過半数を維持する必要があるような場合には、他の株主の持株比率に応じた売却可能範囲を理解して、会社に株式譲渡する必要がある。

❷少数株主の相続人からの買取り

(1) 対策の仕組みとメリット

①<u>好ましくない人が株主となるのを防ぐことができる。</u>

(2) デメリットと留意点

①<u>分配可能額（≒資本剰余金＋利益剰余金）を超える買取りはできない。</u>

②株式の買取り価格について、相続人と合意できない可能性がある。

3 対策を実行したオーナーのご感想

(1) メリットを強く感じたところ

相続財産の大部分が非上場株式であったため、納税資金の確保について心配があったが、金庫株を利用することで可能となった。

相続が発生するたびに分散していた少数株主の株式を、金庫株により集約することができた。

(2) 苦心をしたところ

株主から一斉に金庫株による買取りを要求されないかどうか、不安であった。事前に、株主に対して事情を説明することで、対応することができた。

提示した買取り価格について、相続人に納得をいただけなかった。

最終的には、当初の買取り価格に2割上乗せすることで合意することができた。

用語解説　［ みなし配当課税とは ］

金庫株により株式を譲渡した株主は、資本金等の金額を超える部分の対価については、譲渡ではなく、配当とみなされて課税が行われる。個人株主の場合には、株式の譲渡による所得とされる部分は分離課税となる一方で、配当による所得とみなされる部分は総合課税となる。

◆金庫株によるみなし配当課税の例
- 譲渡価額　　　　　　　 1,000
- 取得価額（帳簿価額）　 500
- 資本金等の額（※）　　 250
  ※原則として払込出資金額と一致するが、過去の増減資や自己株式取得、組織再編等により一致しないケースもある。

	譲渡対価 1,000
	みなし配当 750
取得価額 500	
	譲渡損 250
資本金等 250	

みなし配当課税
個人株主：総合課税（最低税率0％〜最高税率49.44％）
法人株主：益金不算入制度あり

復興特別所得税及び住民税含む

25

［基本対策例４］保険を活用した事業承継対策

【こんな場合に】後継者がいる ⇒ 株式の贈与を希望 ⇒ 納税等の資金対策
※「事業承継のベストシナリオ」(pp.4-5) と「最適な対策の選び方」(pp.10-11) もご参照ください。

［基本対策例４］ 保険

対策のポイントと効果！

（1）相続税の納税資金を確保できる
（2）後継者への自社株贈与に伴う遺留分対策に
（3）オーナーへの将来の退職金支給に備える

1 保険を活用した事業承継対策の流れ

❶ 納税資金の確保

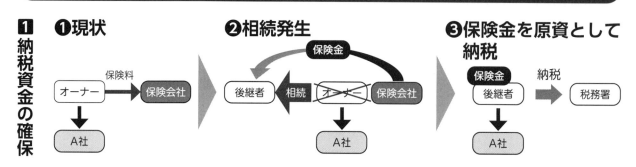

❷ 遺留分対策

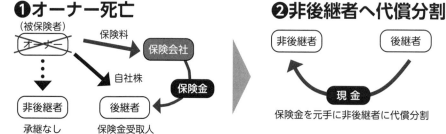

【保険の契約形態】
1・2
[契約者・保険料負担者]
オーナー
[被保険者] オーナー
[保険金受取人]
後継者 (推定相続人)

3
[契約者・保険料負担者]
会社 (法人)
[被保険者] オーナー
[保険金受取人] 会社 (法人)

❸ 退職金準備

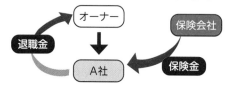

ここが勘どころ

①自社株式は後継者に集中させるのが肝要であるが、<u>オーナーの財産のうちに自社株式の占める割合が大きい場合、それを後継者に集中的に承継させると、非後継者 (他の相続人) へ残す財産が著しく少なくなり、遺留分 (※) をめぐるトラブルの原因となる。</u>

※遺留分とは、相続人に最低限認められている財産を相続する「権利」で、原則、法定相続分の2分の1相当。なお、被相続人の兄弟姉妹には遺留分はない。
また、遺留分は相続財産だけでなく、相続開始前の10年間 [後継者が相続人の場合で、民法改正の2019年7月1日以後に発生した相続より適用 (民法改正前は特別受益として期間制限なし)。相続人以外の場合は1年間] に受けた贈与財産も合算して計算する。

②上記①の対策としては、<u>相続人間の相続財産のバランスを取る方法として、他の相続人(非後継者) には財産を取得した相続人 (後継者) が代わりに現預金で精算する「代償分割」</u>がある。
被保険者をオーナー、受取人を後継者とする保険を活用すれば、オーナーの死亡時に後継者に保険金が入り、代償分割資金として利用することができる。

③<u>法定相続人が受け取る死亡保険金は、民法上は相続人固有の財産とされ、原則として遺留分の計算には含めないが、相続税計算上は、相続財産とみなされて相続税が課税される。</u>ただし、「500万円×法定相続人の数」までの金額の非課税枠がある。

2 保険活用のメリット・デメリット

(1) 対策の仕組みとメリット

①後継者は、将来の相続発生時に、保険金を原資とした納税資金を確保することができる。

②オーナー個人が契約者（被保険者及び保険料負担者）で、オーナーの死亡保険金の受取人が後継者（法定相続人）である場合には、500万円×法定相続人の数までの金額が非課税となる。

③会社（法人）が契約者及び保険金受取人である場合は、オーナーへの生前の退職金 [基本対策例1（p.20）参照] の原資とすることができる。

また、オーナーが突然亡くなった場合には、会社からオーナーに対して支給する死亡退職金（※）として、あるいは会社を立て直すための資金としても活用できる。

※死亡退職金を法定相続人が受け取る場合には、上記②の死亡保険金の非課税枠とは別に、非課税枠（500万円×法定相続人の数）が生じる。死亡保険金と死亡退職金それぞれの非課税枠を併用することも可能。

④代償分割による遺留分対策は、左記の図のほか、被保険者をオーナー、保険料負担者・保険金受取人を後継者とする（※）保険契約で、オーナーに代わって、後継者自らが行うことも可能。

※この場合、後継者には相続税ではなく、一時所得（受け取る保険料−支払った保険料）に対する所得税が発生する。

⑤自社株式が財産のほとんどを占める場合でも、非後継者（後継者以外の相続人）に対して、財産を渡す手立てを確保することができる。

(2) デメリットと留意点

①保険金は民法上の相続財産ではなく、受取人固有の財産とされ、遺留分算定の基礎財産には含まれない。つまり、非後継者を保険金の受取人とした場合は、非後継者は保険金を受け取ったうえで、別途遺留分を請求することもできてしまう。その結果、後継者は自分が取得した株式等を現金化するなどして、遺留分侵害額の請求に対応せざるを得なくなる場合も起こり得る。そのため、遺留分対策では、保険金の受取人を非後継者とせず、後継者にすることが肝要となる。

②退職金原資とするための保険に加入しているときは、保険金や解約返戻金の一部が収益として計上されることもあるため、株価対策としての効果を得るためには、退職金の支給額や支給時期などを十分に検討する必要がある。

3 対策を実行したオーナーのご感想

(1) メリットを強く感じたところ

会社の株価が下がったタイミングで後継者へ自社株を全て贈与する計画をしていたが、もう一人の子供に残す財産があまりなく、このまま相続が発生したら、兄弟間で遺留分をめぐるトラブルが起こる恐れがあった。

被保険者・保険料負担者を自分にし、保険金受取人を後継者とする保険に加入したことにより、自分が死んだときの遺留分対策に充てるための手を打つことができた。

また、会社契約で保険に加入し、自分が引退するときのための退職金原資として、着実に準備を進めることができた。

(2) 苦心をしたところ

後継者に多額の保険金を取得させるためには、保険料が高額になってしまうため、非後継者の遺留分を守るための最低限しか契約してあげられなかった。

また、退職金の原資としての保険については、会社が払う保険料の2分の1が積立金として資産計上されており、法人税の節税効果は大きくなかった。

［基本対策例5］種類株式を活用した事業承継対策

【こんな場合に】後継者がいる ⇒ 株式の贈与を希望 ⇒ 支配権の当面確保策
※「事業承継のベストシナリオ」(pp.4-5) と「最適な対策の選び方」(pp.10-11) もご参照ください。

対策のポイントと効果！

(1) 後継者に議決権を集約することができる
(2) 株式の大半を承継させたあとも、オーナーの影響を残すことができる

【種類株式とは】
株式会社が、剰余金の配当優先権や株主総会での議決権、その他の権利の内容が異なる2種類以上の株式を発行した場合のその各株式をいう。

1　種類株式を活用した事業承継対策の流れ

❶ 配当優先無議決権株式の発行

※配当優先無議決権株式：普通株に比して剰余金の配当について優先権を持つ一方で、株主総会の決議について全く議決権を持たない種類株式

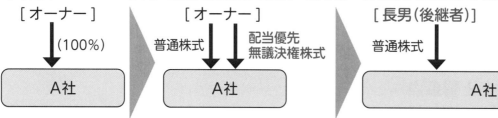

❶現状 ［オーナー］→(100%)→A社

❷配当優先無議決権株を発行 ［オーナー］→普通株式／配当優先無議決権株式→A社

❸長男（後継者）及び次男に贈与 ［長男（後継者）］→普通株式、［次男］→配当優先無議決権株式→A社

❷ 黄金株の発行

※黄金株：株主総会や取締役会での決議事項について、普通株式による決議とは別に当該株式の決議が必要となる株式＝拒否権を持った株式

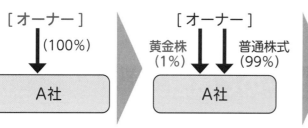
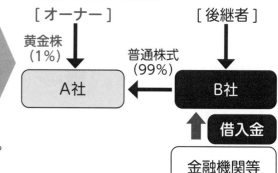

❶現状 ［オーナー］→(100%)→A社

❷黄金株を発行 ［オーナー］→黄金株（1%）／普通株式（99%）→A社

❸後継者の資産管理会社に普通株式を譲渡 ［オーナー］→黄金株（1%）→A社←普通株式（99%）←B社←［後継者］／B社←借入金←金融機関等

（注）「↓」「←」は、株式の保有状況を示しています。

ここが勘どころ

① 議決権の数、拒否権、配当金の多寡などについて、株式の数によってではなく、種類株式の発行により、その株式を保有する特定の株主に特定の権利を与えることができる。

② 強力な権利がある種類株式については、保有者が変わった場合の対応も考えて発行するのが望ましい。

③ 新株発行で種類株式を発行する場合は、株主総会の特別決議（※）で行うことができるが、既存の普通株式の一部を種類株式に変更する場合は、全株主の同意も併せて必要となる。
※議決権の過半数を有する株主が出席し、出席した株主の議決権の3分の2以上の賛成が必要。

2 種類株式のメリット・デメリット

◼︎配当優先無議決権株式の発行

(1) 対策の仕組みとメリット
①後継者に議決権を集約することができる。
②後継者以外の株主は、議決権はないが、配当を得ることができる。
③種類株式の発行は、株主総会の特別決議で行うことができる（発行済みの株式を種類株式に変更する場合は全株主の同意が必要）。

(2) デメリットと留意点
①会社は配当支払いの負担が増加してしまう。
②関係者（左頁の例では兄弟）が納得しない場合には、配分内容の調整や別の対策が必要となる。

◼︎黄金株の発行

(1) 対策の仕組みとメリット
①オーナーは、株主総会での議案の拒否権を持つことができる。
②後継者の独断的な経営を阻止することができる。

(2) デメリットと留意点
①過度に拒否権を行使すると、後継者の経営意欲が低下してしまう。
②オーナーの相続時に、黄金株が後継者以外の者に承継されないように対処する必要がある（p.19 参照）。

【発行できる種類株式の一覧】 ※組み合わせは自由 　印は本基本対策例で紹介の種類株式

	種類株式	種類株式に付与できる/制限がかけられる権利のポイント
(1)	(剰余金の)配当優先株式・劣後株式	配当優先株式：配当金を普通株式よりも優先的に多く受け取ることができる 配当劣後株式：配当が普通株式よりも劣後する
2	(残余財産の)分配優先株式・劣後株式	分配優先株式：解散時の残余財産を普通株式よりも優先的に受け取ることができる 分配劣後株式：残余財産の分配が普通株式よりも劣後する
(3)	議決権制限株式	議決権を定款に定められた事項のみに制限できる、または全ての事項について議決権を有することができないようにすることも可能
4	譲渡制限株式	当該株式を有償譲渡または贈与するには、当該会社（取締役会または株主総会もしくは代表取締役）の承認がなくてはならない
5	取得請求権付株式	株主が当該会社に対して、自身が保有する当該株式を取得するよう請求できる（対価は金銭以外でも可能）
6	取得条項付株式	あらかじめ定款に定めた一定の事由が生じたことを条件に、当該会社は株主から強制的に当該株式を取得することができる（対価は金銭以外でも可能）
7	全部取得条項付株式	株主総会の特別決議により、当該会社は全ての株主から強制的に当該株式全てを取得することができる（対価は金銭以外でも可能）
(8)	拒否権付株式［黄金株］	特定の重要事項について、株主総会・取締役会の決議のほか、当該株式の種類株主総会の決議を必要とさせる（拒否権を行使する）ことができる
9	役員選任権付株式	当該株式を保有する株主により構成される種類株主総会の決議（一部の株主による株主総会の決議のみ）で取締役や監査役を選任することができる

3 対策を実行したオーナーのご感想

(1) メリットを強く感じたところ
議決権を後継者に集約することができたため、後継者の経営に対する責任感が増加した。これまでにない斬新な発想で経営を行っている。
自分が生きている間に贈与や譲渡を実行することができたため、長男・次男の意見を調整し、それぞれの意向に沿った資産の承継を行うことができた。
自分が拒否権を持っていることが、対外的にはプラスに働いている。

(2) 苦心をしたところ
次男は、当初は長男が会社を継ぐことに不満を持っていた。理解してもらうまでには相当時間がかかった。
後継者は、自分（オーナー）に黄金株を持たれることに不安を抱いていたが、自分はあまり口出ししないことが分かったため、今は安心している様子である。

［基本対策例6］ 信託を活用した事業承継対策

【こんな場合に】後継者がいる ⇒ 株式の贈与を希望 ⇒ 支配権の当面確保策
※「事業承継のベストシナリオ」（pp.4-5）と「最適な対策の選び方」（pp.10-11）もご参照ください。

対策のポイントと効果！

（1）後継者に株式の財産権を移転できる
（2）オーナーは、株式の議決権を引き続き行使することができる

1 信託（生前贈与の代用）による事業承継対策の流れ

信託の例（自己信託のケース）

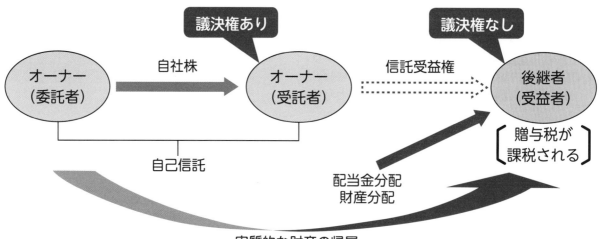

《自己信託の設定方法》
原則として、次の内容（信託法施行規則3条）が記載された公正証書等を作成する。
※弁護士や税理士等への相談が有効。

①信託の目的、②信託をする財産を特定するために必要な事項、③自己信託をする者の氏名又は名称及び住所、④受益者の定め（受益者を定める方法の定めを含む。）、⑤信託財産に属する財産の管理又は処分の方法、⑥信託行為に条件又は期限を付すときは、条件又は期限に関する定め、⑦信託行為において定めた信託の終了事由（当該事由を定めない場合にあっては、その旨）、⑧前各号に掲げるもののほか、信託の条項

ここが勘どころ

①自己信託（委託者＝受託者）
・オーナーが委託者として自社株を信託し、自らが受託者となる（自社株の名義人はオーナーのままであり、オーナーが議決権を行使することができる）。
・後継者を受益者とすることにより、実質的な財産の帰属を後継者とすることができる（この段階で後継者に贈与税が課税される）。

②信託の終了
・後継者に会社経営を委ねるのに十分な力が備わったとき、あるいはオーナーの死亡時などに、信託が終了するよう設定ができる。
・信託の終了によって後継者が自社株の名義人となる。オーナー死亡時に信託が終了された場合、信託設定時に贈与税は課税済みのため、上記①の信託設定が相続開始前3年（※）以内の暦年課税贈与または相続時精算課税贈与（pp.68,70参照）に該当しない限り、相続税の財産として加算されない。
※2027年以降の相続から段階的に7年に延長されます。

2　信託活用のメリット・デメリット

（1）対策の仕組みとメリット

①信託とは、「委託者」が自ら所有する財産を、信頼できる「受託者」に託し、その財産から生じる成果を「受益者」に給付するものである。

②信託の設定により、<u>財産の名義は委託者から受託者に移転する</u>が、<u>自己信託であれば、委託者＝受託者となる</u>ため、自らが財産の管理を行うことができる。

③<u>財産の経済的な所有者は後継者（受益者）</u>となるため、<u>税金面では生前贈与と同様の効果</u>がありながら、<u>財産の管理は、財産の名義人である受託者</u>が行うことができる。すなわち、<u>オーナー（受託者）は財産（自社株）の名義人</u>として、株式の議決権を引き続き行使することができる。

④贈与では受贈者の受諾が必要であるが、<u>信託では受益者への通知は必ずしも必要とはされていない</u>。

⑤現状ではまだ後継者には経営を任せられる状況ではなくても、<u>自社株式の評価額が低いうちに後継者に株式を贈与することができる</u>。

（2）デメリットと留意点

①信託の設定により「委託者から受託者へ」財産の名義は変わるが、税務上は「実質課税の原則」という考え方があり、「<u>委託者から受益者へ</u>」贈与があったものとして、受益者に対して贈与税が課税される。

3　対策を実行したオーナーのご感想

（1）メリットを強く感じたところ

前期の決算で臨時損失が発生したことにより、自社株の評価が大幅に下落した。

数年前に後継者として会社に入社した息子に自社株の贈与をするチャンスではあるが、息子はまだ入社したばかりであり、現段階で全株式を渡すことには不安があった。

そこで、自社株の自己信託を活用することにより、議決権を自分に残したまま財産的価値である信託受益権を息子に取得させ、相続時精算課税贈与として申告を行うことにした。

今後は株価上昇を気にすることなく経営に集中し、将来、息子に経営を完全にバトンタッチするときまたは自分の死亡後に信託を終了させ、名実ともに株式を息子に引き継ぎたいと思う。

（2）苦心をしたところ

自己信託は自由度が高いため、将来起こり得るリスクを想定して設計すると複雑になりがちであるが、将来の相続財産額を確定させ、かつ、しばらくは自分が議決権を持ち続けることが信託の目的であるため、分かりやすい仕組みとなるよう、シンプルさを意識した。

［基本対策例7］持株会社を活用した事業承継対策

【こんな場合に】後継者がいる ⇒ 株式の譲渡を希望 ⇒ 株式取得資金の調達対策
※「事業承継のベストシナリオ」(pp.4-5) と「最適な対策の選び方」(pp.10-11) もご参照ください。

対策のポイントと効果！

(1) 後継者が必要十分な議決権比率を確保でき、経営権の安定した承継が図れる
(2) オーナー保有の株式を円滑に一括で換金することができる
(3) 将来の株価上昇の抑制で、次世代の承継の負担軽減にもつながる

【持株会社とは】
他の株式会社を支配する目的をもって、その株式を保有する会社。
支配を本業とする持株会社は純粋持株会社、本業を行うとともに他の会社を支配するものは事業持株会社という。

1 持株会社体制への移行による事業承継対策の流れ

❶現状

［オーナー］

A社の株式
100%保有

❷持株会社設立

［後継者］

B社の設立
【㈱Bホールディングス】
A社株式100%
の保有を計画

❸株式購入資金の調達

［後継者］

B社で借入れ
A社株式100%
時価相当額を借入れ

借入金

金融機関等

❹株式の譲渡

［オーナー］

A社

借入金 で譲渡代金の支払い

A社株式（100%）の譲渡

個人(売主) 対 法人(買主) 取引
《原則的評価額》(p.89 参照)

［後継者］

B社

❺株式譲渡後

［後継者］

借入金

B社の株式
100%保有

A社の株式
100%保有
（A社を子会社化）

本対策例（後継者が設立した新会社への株式有償譲渡）以外の方法による持株会社化
● 既存グループ会社の中で選定された会社が全株式を取得（株式交換）
● オーナーが設立した会社が全株式を取得（株式移転）
[**「資金を使わない持株会社への移行」** (p.53) をご参照ください。]

ここが勘どころ

①オーナーは、<u>株式を「時価」で譲渡</u>しなければならない。
　ここでいう「時価」とは、原則として、「時価純資産価額（※）」をいう。
　※「時価純資産価額」は、<u>「会社の資産（時価評価額）－ 負債（時価評価額）」</u>で計算。

②株式を譲渡したオーナーは、株式を譲渡した年の翌年3月15日までに、株式の譲渡益について、確定申告をしなければならない。

2 持株会社制度のメリット・デメリット

(1) 対策の仕組みとメリット

①オーナーは、株式の譲渡によって、換金性の乏しい<u>非上場株式を換金</u>することができ、<u>株式に係る相続税の問題から解放される</u>。

②後継者がオーナーの相続人である場合、将来後継者が相続するのは、株式ではなく、オーナーが換金した現金なので、後継者はその現金の一部を相続税の納税資金に充てることができる。

③<u>将来[後継者から次世代(三代目等)への事業承継時]の株価上昇を抑制</u>することができる(下図参照)。

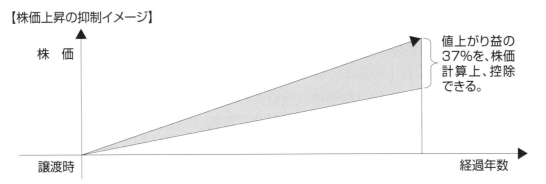

【株価上昇の抑制イメージ】

株価

譲渡時　　　　　　　　　　　　　　　　　　　　経過年数

値上がり益の37%を、株価計算上、控除できる。

> **将来の株価上昇の抑制と次世代の承継の負担軽減**
>
> 　持株会社が株式保有特定会社(総資産に占める株式の割合が50%以上)に該当する場合、その株価は、純資産価額方式で計算される(pp.85,88参照)。その計算上、保有資産の時価が取得時の価額(帳簿価額)を上回る場合の利益、すなわち"含み益"の部分について、法人税額等相当額(法人税、事業税、住民税に相当する額の合計額)の控除が認められている。
>
> 　つまり、持株会社の株式は、保有する事業会社の<u>将来における株価上昇によって生じる</u><u>"含み益"について37%(注)控除した評価</u>となる。
>
> 　よって、承継後の持続的成長を実現できる場合は、事業会社の株式を直接保有するのではなく、持株会社を通じて事業会社の株式を保有すれば、後継者が将来直面する次世代(三代目等)への株式贈与等に係る相続税評価額の上昇を抑制する効果が生じる。
>
> ※純資産価額方式については、p.87をご参照ください。
>
> 注:37%については、2024年4月20日現在の情報に基づくものであり、その後の財産評価基本通達の改正状況によっては変更される場合があります。

(2) デメリットと留意点

①持株会社は、株式購入資金を準備する必要がある。

高額な株式購入資金を新たに借り入れる場合、その返済方法を慎重に検討しなければならない。<u>完全子会社(事業会社A社)の配当金を返済原資とする場合は、「受取配当等の益金不算入」の規定の適用を受けることで、持株会社(B社)での法人税等の負担を抑制することができる</u>。ただし、配当金は剰余金の分配可能額の範囲内に限られるため、業績によって配当金が減額となり返済額に満たなくなる、あるいは無配になると、返済資金の確保が難しくなる懸念が生じる。状況によっては、オーナーから現金を借り入れて返済資金に充てる方法なども考えなくてはならなくなる可能性もある。そのため、この対策の実施にあたり、十二分な計画・注意が必要となる。そして、<u>承継した事業会社の持続的な成長と利益創出を計画どおりに実現していくことが強く求められる</u>。

②新会社の設立、運営についてのコストや事務負担が発生する。

新会社の設立に際して、登録免許税等の登記費用が生じる。

また、新会社については毎期、法人税等の申告などが必要になる。申告所得が発生する場合は法人税等の負担が発生し、仮に申告所得が発生しない場合であっても、資本金の額等に応じた法人住民税均等割の負担が発生する。

③株式を譲渡したオーナー（及びその他株主）は、株式譲渡益税を負担する必要がある。

譲渡代金から取得費用を差し引いて譲渡益が生じた場合、株式譲渡益税20.315％［所得税15％、住民税5％、復興特別所得税0.315％（所得税×2.1％）］の申告・納税が発生する。

（注）所得水準が極めて高い場合に追加課税の負担が生じる2023年度税制改正については、p.90をご参照ください。

取得費が不明な場合については、譲渡代金の5％を取得費とみなして計算することが認められている。なお、実際の取得費が売った金額の5％相当額を下回る場合も同様となる。

④時価での取引が税務上の基準となる。

時価以外での取引が行われた場合、時価との差額について、追加的な税負担が発生する（「非上場株式を低額譲渡または高額譲渡した場合の税金」p.90参照）。

また、非上場株式の時価については、個人間売買に比べて個人法人間売買のほうが高くなるケースが多い。

3　対策を実行したオーナーのご感想

(1) メリットを強く感じたところ

流通性の乏しい自社株式を換金でき、さらには、将来の相続税の納税資金も確保することができた。

私（オーナー）から後継者へ株式承継されたため、後継者は今後会社の収益基盤・財務基盤の更なる発展に注力することができる。

※自社株式は全て譲渡したので、今後、その株式の評価額が上昇しても、オーナーの相続財産が増加することはない。

(2) 苦心をしたところ

新設の持株会社は、金融機関から融資を受けて、株式購入資金を調達した。

金融機関との融資交渉にあたっては、事前に金融機関との打合せができていなかったため、融資実行までに想定以上の時間がかかってしまった。

> ※大切なのは、このプランの実行にあたっては、資金調達後の借入金の返済計画及びその計画の実現可能性等を、早い段階で金融機関と打合せすることである。

用語解説　［『譲渡益』／『譲渡益税』について］

本冊子では、分かり易さに重点を置くために、「譲渡益」や「譲渡益税」という用語を使用していますが、" 譲渡益 "の部分については、所得税法上は、" 譲渡所得 "の表記で用いられています。

（当該用語に係る記載のあるページは、pp.11,15,22,24,25,32,34,41,59,90。）

●譲渡所得を含む個人の所得税の課税に関する2023年度税制改正については、p.90をご参照ください。

［基本対策例8］事業承継を目的としたファンドの活用による対策

【こんな場合に】 後継者がいる ⇒ 株式の譲渡を希望 ⇒ 株式取得資金の調達対策
※「事業承継のベストシナリオ」(pp.4-5) と「最適な対策の選び方」(pp.10-11) もご参照ください。

対策のポイントと効果！

(1) オーナー保有の株式を一括で換金することができる
(2) 後継者の準備資金は少額でも良く、望ましい株主構成も実現可能

1 ファンドを活用した事業承継対策の流れ

※この対策のポイントは、事業承継において必要となる株式取得資金をいかにして調達するかであるため、一般的に、まず取引金融機関等に相談をすることが望まれる。そのうえで、金融機関の融資可能額が、株式取得資金に満たない場合において、ファンドを活用することが検討される。

(備考) 近年では、中規模以上の会社を投資対象とするファンドだけでなく、小規模企業を投資対象とした、自治体や地域金融機関が出資・協力する事業承継ファンドなども設立され、利用されています。

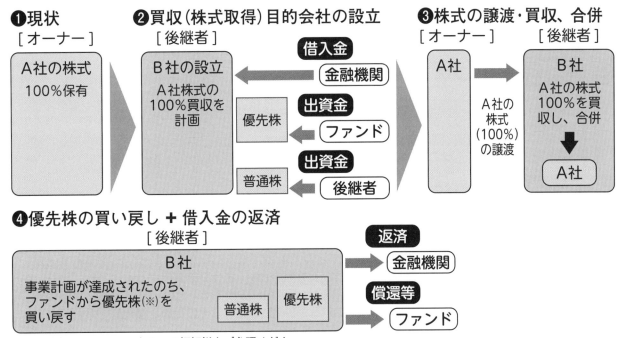

❶現状
［オーナー］
A社の株式 100%保有

❷買収（株式取得）目的会社の設立
［後継者］
B社の設立 A社株式の100%買収を計画
借入金 ← 金融機関
出資金 ← ファンド（優先株）
出資金 ← 後継者（普通株）

❸株式の譲渡・買収、合併
［オーナー］
A社
A社の株式（100%）の譲渡
［後継者］
B社 A社の株式100%を買収し、合併 → A社

❹優先株の買い戻し ＋ 借入金の返済
［後継者］
B社
事業計画が達成されたのち、ファンドから優先株(※)を買い戻す
普通株 優先株
返済 → 金融機関
償還等 → ファンド

※優先株については、次頁の用語解説をご参照ください。

ここが勘どころ

①オーナーは適正な株価にてその保有する株式を売却することで、売却代金を得ることができる。

②株価は、後継者が中心になり作成する事業計画を根拠に算定される (※)。したがって、しっかりとした事業計画を策定・遂行することで、調達した資金については、一定期間にて無理なく返済することができる。

※ DCF（ディスカウント・キャッシュ・フロー）法：会社が将来生み出すフリー・キャッシュ・フロー（純現金収支）を一定の割引率で割り引いた現在価値に基づき、株式価値を評価する方法。なお、純粋な親族間による事業承継の場合は、税務上の株式評価方式によることになる。

③合併後の会社は、後継者主導で経営されるが、株式を売却したオーナーも状況に応じて会長職や顧問等にて経営への参加も可能となる。

2　ファンド活用のメリット・デメリット

(1)　対策の仕組みとメリット

①換金性の乏しい非上場株式を換金することで、オーナーの将来における自由資金となり、また、相続税等の納税資金への活用も可能となる。

②買収目的会社を設立する際の普通株の出資額は少額でも可能であることから、将来を担う人材を中心に株式保有者を再構成することもできる。

(2)　デメリットと留意点

①事業計画の達成状況についてファンド運営者によるモニタリング（事業計画の実行状況を定期的に確認すること）が行われる。モニタリングの内容は会社の状況によって異なるが、モニタリングを通して経営管理面が強化され、成長企業への脱皮を図ることが求められる。

②事業計画を下回る状況が継続するような場合には、経営上、一定の制限がかかる場合がある。そのため、事前に作成する事業計画は、後継者が確実に遂行できる内容となっている必要がある。

用語解説1　　[ファンドとは]

投資家から資金を集めて、株式等により運用を行う仕組みをいう。ファンドには様々なタイプがあるが、その投資スタンスの決め手となるのが、資金の出し手である投資家。

一般に地域金融機関や国内年金基金等から資金を集めているようなファンドは、中長期的に経営者と二人三脚で企業の成長を支援する。

用語解説2　　[優先株とは／普通株とは]

普通株とは一般的に、通常売買されるような株式であり、議決権があり、また配当ももらえる権利があるような株式をいう。

これに対して優先株とは一般的に、普通株よりも配当が優先されたり、倒産等の際に財産を優先的に受け取ることができたりする一方で、議決権がないような株式をいう。

ただし、株式の内容は下表のような項目に関して自由に設計することができるため、同じ優先株といっても全く異なる株式の内容となっている場合もある。そのため、優先株の活用においては、株式の内容に関してよく確認をする必要がある。

項目（例）	内　容
議決権	株主総会で議決に参加することができる権利。 普通株とは異なる内容の権利を付与することや、全く議決権を持たないとすることができる。
配当	剰余金から配当を受ける権利。 普通株よりも優先的に配当を受けられるとすることや、配当率などを定めることができる。
償還	一定期間経過したら株を現金で買い戻してもらえる権利。 この権利を付与することで、借入金に類似した設計とすることができる。
普通株への転換	優先株を普通株に転換することができる権利。 株価上昇時や議決権を持つ必要が生じた場合などに普通株に転換することができる権利。
残余財産分配	倒産時等に会社の残余財産の分配を受ける権利。 普通株に先立って優先株から分配することなどを定めることができる。

3 対策を実行したオーナーのご感想

(1) メリットを強く感じたところ

　創業からこれまでの長年の成果を株価というかたちで評価してもらい、資金として換金することができた。引き続き、顧問として後継者の育成に関与することができる一方で、ファンドによるモニタリングを通して、経営管理を高度化することができ、会社としても次なる成長ステージに入ることができた。

(2) 苦心をしたところ

　利益成長率の高い甘い事業計画を作れば、株価は高くなるものの、調達しなければならない借入金も膨らむため、会社の将来を考え、株価と事業計画のバランスを取ることに苦心した。

『ファンド活用時における確認・見極めのポイント』
　一言に「ファンド」といっても、事業承継をサポートするファンドは世の中に数多く存在する。しかし、これらファンドの性格は、ファンドマネージャーやファンドの出資者の属性によって大きく異なっており、どのようなファンドと付き合うかは重要なポイントとなる。
　入口の段階で、高い価格で株を買い取ってもらったとしても、その後、不本意に経営権を取られてしまった、といったことがないようにするためにも、以下のようなポイントを確認することで、ファンドの性格を理解する必要がある。

主な確認すべきポイント	内　容
投資に関する方針はどうか	ファンドによっては議決権の過半を握り、社長も送り込むようなファンドから、議決権は必ずしも持たず、会社の経営は既存の経営陣に任せるようなファンドまでいろいろと存在する。ファンドの活用にあたっては、**ファンドに対して、どこまで経営に関与させるか**、予め検討しておく必要がある。
ファンドマネージャーは信頼できるか	一般的にファンドは少人数で運用されていることが多く、その意思決定はファンドマネージャーと言われるファンドの運営責任者に委ねられていることが多い。そのため、ファンドと付き合ううえでは、この**ファンドマネージャーが信頼できる人物であるか**見極める必要がある。
ファンドの出資者は誰か	ファンドは投資家（出資者）から資金を集めてこれを運用しているが、その投資家が誰であるかは一般的に開示できないケースが多い。しかし、投資家の意向によって目標とするリターンが異なり、投資スタンスに影響を与えるため、少なくとも**投資家の属性**※を確認することは、ファンドの特徴を知るうえで有用となる。 ※**投資家の属性**とは、外資系か国内系かといった観点や、金融機関、年金等の民間系か官制ファンドのような公共系かといった観点で分類ができる。

［基本対策例９］MBO を活用した事業承継対策

【こんな場合に】親族内に後継者がいない ⇒ 自社役員による承継を希望 ⇒ 役員への経営権の譲渡対策
※「事業承継のベストシナリオ」(pp.4-5) と「最適な対策の選び方」(pp.10-11) もご参照ください。

**対策の
ポイントと効果！**

（1）後継者問題を解消できるのと同時に、事業を熟知した現経営陣（役員）に株式を譲渡するため、安心して株式を手放すことができる
（2）第三者への株式譲渡よりも、従業員の雇用継続や企業理念・企業文化の継承を守りやすい

1 MBO を活用した事業承継対策の流れ

❶現状

［オーナー］

A社の株式
100％保有

❷会社設立

［役員］

B社の設立
【受け皿会社（※）】
※A社株式を買い
取る目的で設立

❸株式購入資金の調達

［役員］

B社で借入れ
A社株式の買取り資金
必要相当額に対する
不足分の借入れ

借入金

金融機関等

❹株式の譲渡

［オーナー］

A社

自己資金と **借入金** で譲渡代金の支払い

A社株式（100％）の譲渡

個人(売主) 対 法人(買主) 取引
《一般的には原則的評価額》(p.89 参照)

［役員］

B社

❺株式譲渡後

［役員］

借入金

B社の株式
100％保有

A社の株式
100％保有
（A社を子会社化）

必要に応じてA社とB社を合併

【MBO（Management Buyout）とは】
経営陣（役員）が、事業の継続性を前提に自社株式を買い取り、オーナー経営者として独立する行為をいう。
（注）従業員が株式を譲り受ける場合は、**EBO**（Employee Buyout）と呼称される。

**ここが
勘どころ**

①役員個人では借入れの返済原資が一般的に乏しいことから、新たに設立する受け皿会社で借入れをして株式を取得するケースが多い。

②子会社化される事業会社と 100％の資本関係とするなど一定の要件を満たすことで、受け皿会社が事業会社から受ける配当金には課税されないこととなる。
そのため、事業会社（A社）の事業収益から生み出された利益を税負担なく配当金として分配することができ、配当金を借入金の返済原資として利用することが可能となる。

2　MBOを活用した事業承継のメリット・デメリット

(1)　対策の仕組みとメリット

①親族内に後継者がいない場合でも、第三者によるM&Aの手段を用いることなく、株式を手放すことができる。

②オーナーから株式を取得して事業を承継する者は、会社の事業を熟知し、経営手腕を見込まれた現経営陣（役員）であるため、第三者承継よりも円滑な事業承継を実現しやすい。

③現経営陣（役員）がオーナー経営者となることで、より一層の責任感を持って会社の経営に取り組むことになる。

④従業員の雇用が守られ、経営陣と従業員の一体感や企業風土などの会社の独自性も継承できる。

⑤現オーナーにとっては、換金性の乏しい非上場株式を換金することができる。そして、その換金された現金を将来相続する親族は、それを相続税の納税資金に充当することができる。

(2)　デメリットと留意点

①株式を購入するのは、現在の経営陣（役員）が設立を計画している会社であるため、その役員自身が株式購入資金の準備手続きを行う必要がある。金融機関から借り入れる場合は、後継予定者である役員は、事業性の評価次第では、個人の連帯保証や担保設定を要求されることもある。事業の継続力や成長力の源泉（商品・技術力、販売力、人材、マネジメント力など）を十二分に説明し、借入れ条件などを綿密に調整・確認することが肝要となる。特に求められるのは経営力や事業の将来性である。

②多くの企業は金融機関からの借入れがあり、通常はオーナーが債務を保証している。借入金のある企業を買収する場合は、後継予定者である役員はその債務保証までも承継しなくてはならなくなることもある。

③経営陣の中で後継者候補が複数いる場合、誰を後継者に選択するかで、その後、経営幹部内での争いが生じる恐れがある。

3　対策を実行したオーナーのご感想

(1)　メリットを強く感じたところ

　親族内に事業の後継者が存在せず、M&Aによる外部への売却を検討していたが、社内に有能な役員や従業員も多数在籍しているため、長期間にわたって決断することができなかった。現在の役員に株式を売却できることが決まり、その役員はオーナー経営者として、より一層の責任感が増したように感じる。また、従業員の雇用も継続することができ、安心感と満足感の高い対策内容となった。

(2)　苦心をしたところ

　親族外の役員が設立する新会社では、株式を購入する資金が足りず、不足分は金融機関から調達する必要があった。個人の連帯保証や担保提供を要求される可能性も含めて、後継者となる役員から理解を得ることは容易ではなかった。金融機関との調整にも非常に多くの時間を費やした。

　ただ、このたび、自身は役員を退任し、退職金支給を受けていたため、譲渡のタイミングで株価が下がっていたことから、役員に対して、株式購入資金における負担減の一助を担うことができた。

　また、後継者となる役員と他の役員との関係が悪化しないように気を使った。

［基本対策例10］M＆Aを活用した事業承継対策

【こんな場合に】身内にも社内にも後継者がいない ⇒ 事業存続を希望 ⇒ 外部企業への経営権の譲渡対策
※「事業承継のベストシナリオ」(pp.4-5) と「最適な対策の選び方」(pp.10-11) もご参照ください。

**対策の
ポイントと効果！**

（1）後継者が見つからない場合でも、事業が残せ、
　　従業員の雇用も守れる
（2）オーナーの税引後の手取額で見ると、
　　廃業・清算よりもM＆Aのほうが圧倒的に有利

【M＆A（Mergers and Acquisitions）とは】
企業の合併・買収の総称で、中小企業者等の事業承継においては、おおむね、自社の経営権（株式）を外部企業（第三者）に譲渡することにより、事業の継続を図る行為をいう。

1　M＆Aを活用した事業承継対策の流れ

❶現状
［オーナー一族］

| A社の株式を
100％保有
後継者不在 |

❷B社に株式を譲渡
［オーナー一族］

| A社の株式を
譲渡
現金を取得 |

❸B社はA社株式を買取り
［引受け企業B社］

| A社の株式を
譲り受け
資産・人材・市場・
技術を承継
相乗効果で業績発展 |

借入金

金融機関

※社長の年齢が70歳代であっても、29.8％の企業で後継者が未定。
（帝国データバンク「全国『後継者不在率』動向調査（2023）」2023年11月21日）

ここが
勘どころ

①業績が良いときが売り時
　　業績好調期であれば、営業権も十分に加算され、業績低迷期に比べて高額で売却できる。
　　低迷期は売却することさえ難しくなるが、好調期であれば、売り先を選べる可能性も高まる。経営環境が激変する可能性がある中で、好機を逃さないことが成功の鍵となる。

②売りやすい会社
　　黒字の会社。借入金が少ない会社。規制緩和・規制強化・業界再編の渦中にある会社。ストック型ビジネスを営む会社。大都市にある会社。得意分野がある会社。不要な不動産がない会社。

③売りにくい会社
　　経常的な赤字会社。借入金が重い会社。高齢化が進みすぎている会社。

2　M&A 活用のメリット・デメリット

（1）M&A による事業承継のメリット

①従業員の雇用を守り、顧客を守り、会社を守ることができる。
②社長の連帯保証や担保提供がなくなる。
③株主は、株式の売却や役員退職金の受領、会社に対する貸付金（会社にとっての役員借入金）の回収のかたちで、大きな現金収入を得ることができる。

④廃業・清算と比べてもM&Aは株式の譲渡益に対する20.315％の課税だけで済むため、税金の面で有利。

廃業・清算の場合、法人の含み益に対し法人税が課税される。さらに、個人の手取り金に配当所得として総合課税される。金額が大きいと50％近くの高税率で課税されることが多い。

（注）退職金の活用で両者の差は縮まることもある。

⑤清算の場合には、実際の資産処分価額は、M&Aの場合の評価額を大きく下回る。清算手続きに入って、資産を実際に処分しようとすると、機械装置は移設できないことが多く、スクラップ価格となってしまう。

逆に、業績の良い非上場企業のM&Aの場合は、営業権が加算される。

通常、［時価純資産価額（※1）＋営業権（※2）］で株価が評価され、清算よりも圧倒的に有利となる。

※1:時価純資産価額＝会社の資産（時価評価）－負債（時価評価）
※2:営業権＝税引き後利益（過去3〜5年の平均）×年数（目安：3〜5年）

（2）M&Aによる事業承継のデメリット

①秘密の漏洩が起これば、社員の不安感の増大と退社のリスク、及び経営不安の噂に伴う営業ダメージのリスクに直面する可能性がある。

②社内文化の相違による、社内のモチベーションの低下のリスクがある。

≪M&Aと清算の比較　〜どちらが得か？≫

（単位：百万円）

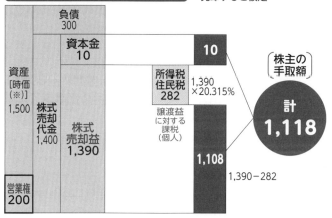

※時価純資産＋営業権の価額で売却すると仮定

※資産の時価は継続企業としての時価とする。
●M&Aによる株式譲渡の場合、株式の譲渡益に対する20.315％の課税だけで済む（所得水準が極めて高い場合を除く）。
●株主の手元に残る資金は、清算よりもはるかに多くなる。

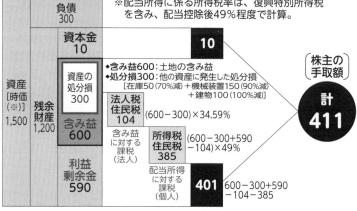

※法定実効税率は34.59％（資本金1億円以下の中小法人の超過税率）として計算。
※配当所得に係る所得税率は、復興特別所得税を含み、配当控除後49％程度で計算。

※資産はM&Aと同じ条件で比較するために継続企業としての時価とする
●清算の場合、法人税（含み益等に対する課税）と所得税（配当所得に対する課税）が生じる

3　対策を実行したオーナーのご感想

（1）メリットを強く感じたところ

従業員に後継を任せることも検討したが、銀行借入金の保証人の交代をお願いしなければならず、万一彼が経営に躓いた場合、彼自身を困難な状況に追いやってしまうことになるので困っていた。

ところが良いご縁に巡り会い、困っていた問題がすべて解決できたうえに、高額の株式の売却代金をいただけた。

（2）苦心をしたところ

株主の中に、関係が疎遠になっている人がいて、その人の協力が得られそうにない状況にあり苦労した。また、秘密保持にも苦心をした。

個人事業における事業承継で活用できる主な対策

１ 贈与税（または相続税）の納税資金の確保策

■暦年課税制度[注]の利用　［事業承継に係る基本税制のポイント（贈与税の計算方法 / 相続税の計算方法）(pp.68,70) 参照］

　後継者への事業用資産の贈与によって事業を引き継ぐ方法を取ると、事業用資産の価額や後継者の自己資金の状況によっては、後継者に贈与税の納税負担が重くのしかかり、事業を承継すること自体が難しくなる場合もある。

　贈与税の納税に必要な後継者の自己資金を少しでも増やしておく方法としては、暦年課税制度の利用がある。暦年課税制度においては、贈与税の計算は、暦年（1月1日〜12月31日）単位で年間110万円の基礎控除を差し引いた金額に累進税率を乗じて行う。1年当たり110万円以内の贈与であれば、贈与税は発生しない。そのため、この非課税枠を活用し、事業承継を行う年の前年までに贈与を行っていくことで、後継者は贈与税の納税資金を少しずつ蓄えていくことができる。

　各年の贈与額は、基礎控除額以内に収める必要はなく、110万円を超える場合の贈与税の納税額を考慮に入れながら、そのときの状況に応じて決めることが望ましい。

　事業承継の前年までに贈与する合計金額と毎年の贈与額をあらかじめ約束して行うような場合には、結果として、「定期金に関する権利」の贈与を受けたものとして、その合計金額に対する贈与税の納税義務が発生する可能性がある。そのため、贈与は、毎年の経営者と後継者それぞれの資金状況・所得状況等を確認しながら、必要に応じて行っていくこととし、贈与を行う都度、経営者と後継者で贈与契約書を取り交わしておくことが重要となる。実際の贈与は記録が残るように、かつ、受け取った側が認識できるように、生活費などを捻出している普段使いの預金口座への振り込みが望ましい。

２ 贈与税の軽減策と譲渡価格の低減策

■相続時精算課税制度[注]の利用　［事業承継に係る基本税制のポイント（贈与税の計算方法 / 相続税の計算方法）(pp.68,70) 参照］

　後継者が事業用資産の贈与を受けた際の贈与税の納税負担の対策としては、納税資金の確保のほか、税額軽減の適用を受ける方法がある。相続時精算課税制度の利用を選択した場合は、特別控除2,500万円を受けることができ、制度の利用開始以降、2,500万円に達するまで贈与税がかからないことから、暦年課税よりも贈与税の納税額の負担を軽減できる。また、年間110万円の基礎控除（2024年1月1日以降に受けた贈与財産に適用）があるため、暦年課税と同様、事業承継時の贈与税の納税資金を少しずつ蓄えていくこともできる（一括贈与ではなく複数年に分けて贈与することで、基礎控除による節税効果が大きくなる）。

　相続時精算課税制度を利用した場合の贈与財産は全て［ただし、基礎控除（年間110万円）を控除した残額］、贈与者の相続時に相続財産として持ち戻し（加算）される。もっとも、贈与を受ける事業用資産の価額がそれほど高額でなく（例えば3,000万円程度）、経営者の全ての財産（事業用資産以外の財産を含む）の価額も別段高額ではない場合は、相続時において相続財産として加算されても、相続税の負担は比較的小さく抑えられる。そのため、事業用資産の贈与を受ける際の贈与税だけを考えると、暦年贈与と比べて、贈与税の納税負担がずっと軽くなり、納税資金の不足で事業承継が困難となることを回避するうえでは有効な手段となる。

■法人成り

　後継者が承継する個人事業主の事業用資産には、現預金、土地、建物、機械、器具備品など、事業用の資産全てが含まれるため、事業内容や規模等によっては、その評価額が非常に高額なものとなる場合がある。その場合、贈与を受ける後継者が自己資金で贈与税の納税を賄うことができず、事業の承継を断念せざるを得なくなることもある。有償での譲渡を希望する場合でも、後継者は十分な自己資金がない限り、買い取ることはできなくなる。

　上記のような場合には、個人事業主が法人化（法人成り）することで、例えば株式会社であれば、後継者に贈与または譲渡（有償）する財産は、個々の事業用資産ではなく株式となる。株式の評価額は、利益額等によって大きく下がる場合があり、会社の状況に応じて様々な対策を講じることができる。

　法人成りして対策を講じ、株式評価額が下がったところで贈与や譲渡を行うことができれば、後継者の承継時における負担が大きく軽減される可能性が高まる。また、一度にまとめて全ての株式を贈与または譲渡するのではなく、後継者の置かれた状況等に応じて、年月をかけて少しずつ行っていくことも可能となる。

①もともと高額な事業用資産がなく、事業規模も利益も小さい個人事業であった場合は、法人成りによる事業承継時の贈与税や譲渡価格の軽減効果を享受することは期待できない。

②利益の小さな個人事業主が法人成りした場合は、その後の利益状況等の向上がない限り、法人税、法人住民税、法人事業税、維持費などの負担で、経営が厳しくなる可能性が高まる。

③後継者が出資して設立した法人が、金融機関などからの借り入れにより個人事業主の事業用資産を購入することで、後継者個人の資金負担を軽減させることができる。

p.42【注】暦年課税制度／相続時精算課税制度：2023年度（令和5年度）税制改正により、2024年1月1日以降に受けた贈与財産について、贈与税と相続税の計算が変わりました。贈与税の課税制度［受贈者が選択できる贈与税の課税方式（「暦年課税」または「相続時精算課税」）］の内容、及び贈与者が亡くなった際の相続税の計算上、相続財産の価額に加算する贈与財産の価額と控除の内容ついては、pp.68,70［事業承継に係る基本税制のポイント（贈与税の計算方法／相続税の計算方法）］をご参照ください。

3 事業用宅地等の無償貸付け策と相続税の軽減策

■特定事業用宅地等に係る小規模宅地等の特例の利用

経営者が事業用宅地等を所有している場合で、後継者が、（イ）経営者と生計を一にする親族で経営者の存命中に事業を承継する場合、または（ロ）経営者の親族で経営者の死亡によって事業を承継する場合において、特定事業用宅地等に係る小規模宅地等の特例の適用を受けることで、事業承継に伴う資金負担を軽減させることができる。

この特例制度では、親族である後継者が相続または遺贈（贈与は対象外）により取得した財産のうち、先代事業者（被相続人）の相続開始の直前に事業（不動産貸付事業を除く）の用に供されていた宅地等が、一定の要件を満たしている場合には、その宅地等の相続税評価額を80%減額することができる（上限面積400㎡まで）。

上記（イ）のケースで本特例（特定事業用宅地等）の利用効果があるのは、後継者にとって、事業用宅地の贈与を受けて事業を承継するには贈与税の負担が過大となる場合である。後継者が先代経営者の相続発生時に本特例の適用を受けるためには、先代経営者は、生計を一にしていた後継者に対して、事業用宅地等を使用貸借（※）によって無償で貸付けていたことが要件となる（p.83参照）。それにより、後継者は、事業用宅地等については贈与を受けず（贈与税が発生することなし）に事業承継を実現できるだけでなく、それを無償で使用することができる。その後先代経営者の相続発生時に特例の適用を受ければ、相続した当該宅地等の相続税は大きく軽減されることになる。　※使用貸借とは、目的物（本ケースでは事業用宅地等）を無償で借りた借主（後継者）が、使用・収益したのちに、貸主（先代経営者）に返還する契約をいう。［仮に経営者が事業用宅地等の上に建物を所有している場合には、後継者は使用貸借により建物を借りることも可能。]

なお、現行では本特例の適用を受けると、先代事業者（被相続人）の課税財産の総額が減少し、結果的に後継者以外の他の相続人が負担する相続税も減少することになる。

【そのほかの主な適用要件】
①後継者の事業の用に供されていた宅地等の場合：
　　後継者は、相続開始の直前から相続税の申告期限まで、当該宅地等の上で事業を営んでいること。
　　　　　　　　　　　　　　　　　　　　　　　　　　　　　　　　　　　［上記（イ）のケース］
②被相続人（先代経営者）の事業の用に供されていた宅地等の場合：
　　後継者は、相続税の申告期限までに、当該宅地等の上で営まれていた被相続人の事業を引き継ぎ、その申告期限までその事業を営んでいること。［上記（ロ）のケース］
③開業から相続まで3年超経過していること。
　　　　　　　　　※ただし、3年以内であっても、当該宅地等の上で事業の用に供されている減価償却資産の価額が、当該宅地等の相続時の価額の15%以上であれば、特例の適用対象となる。

 ①相続税の特例であるため、事業用宅地等を贈与で後継者に引き継ぐ際には適用対象外となる。
②先代事業者（被相続人）の課税財産に占める事業用宅地等のウエイトが大きい場合には、後継者（相続人）の相続税の負担を軽減させることができる一方で、事業用資産の価額に占める建物や機械・器具備品等のウエイトが大きい場合などには、負担軽減に十分な効果を得られない。

4 事業承継時の納税負担軽減策

■個人版事業承継税制（事業用資産の贈与税・相続税の納税猶予制度）の利用

贈与税や相続税が過大で事業を承継することが困難となる後継者が、納税の猶予を受けて、承継時の負担がひとまず軽減されることで事業承継を実現できる場合に利用が考えられる。また、上記**3**の「ここが勘どころ」②の課題にも対処し得る制度となっている。

個人版事業承継税制は、青色申告（正規の簿記の原則によるものに限る）に係る事業（不動産貸付事業等を除く）を行っていた先代事業者の後継者が、2026年3月31日までに承継計画を都道府県に提出し、2028年12月31日までに贈与または相続等により特定事業用資産を取得して、経営承継円滑化法の認定を受けることなどで利用できる。　　　　　　　　　　　　（詳しくは、p.82をご参照ください。）

ここが勘どころ　後継者が個人版事業承継税制（納税猶予制度）の適用を受ける場合には、特定事業用宅地等に係る小規模宅地等の特例の適用を受けることができない（併用不可）。事業用宅地の占める割合が高い場合においては、小規模宅地等の特例を利用すると減税効果が大きくなるため、宅地は将来の相続まで借りるかたちで事業を承継できるのであれば、個人版事業承継税制で納税の猶予を受ける（状況に応じて猶予税額の納付義務が生じる）よりも有利になるケースが多くなることが考えられる。

属人的株式は後継者の課題（議決権確保・資金負担等）や承継の時機に備える対策の切り札!?

　事業を承継するにふさわしい後継者（候補）がいて、新経営体制による十分な経営力や、商品・技術力、販売力などに裏付けられる事業の将来性などを強くイメージできたとしても、自社株式の贈与と納税資金、譲渡（有償）と購入資金等に問題が生じるようであれば、事業承継のタイミングを逃す、あるいは事業承継そのものの実現が困難になる場合も起こり得ます。

　そのような事態になることを避けるために、承継予定の何年も前から様々な対策を講じることができますが、それでも、予定されていた時期に後継者が実際に承継する環境が十分に整わないことや、予定よりも早く事業承継を行うべきときが訪れるということがあるかもしれません。それは、絶好のタイミングであることもあれば、オーナーの急逝など、予期せぬ事態によることもあるでしょう。

　事業の承継において、対策に着手する時機も大切ですが、それ以上に、オーナーと後継者それぞれの想いと状態、経営戦略や経営状況、経営計画・事業計画の進捗状況、企業組織の状況等において、事業承継を行うのにちょうど良い時機であるかどうかが重要です。その絶好のタイミングが来たときに、すぐさま後継者が新しい経営者（代表者）として事業を承継し、始動させるべきであると確信するならば、講じた対策の効果が現れるのを待つなどしている時間はありません。

　また、予期せぬ事態が起こった場合は、株式分散を含めた相続問題等にも急遽対処する必要が生じます。

　上記のような課題、時機、事態に備える方法として、承継後に代表者となった後継者が保有する株式1株当たりの議決権数を"複数"に設定することが可能な「属人的株式」の活用が考えられます。

　これによって、後継者が十分な議決権を確保し、納税・購入に伴う資金の負担を大きく軽減しながら、「ちょうど良い時機」あるいは「予期せぬ事態」での事業承継に対応できる可能性が高まります。

　そんな属人的株式の活用例と、活用上のポイント、必要な手続きなどを解説します。

Ⅰ．属人的株式とは

■属人的株式として定められた株式における株主の権利：

　会社法第109条第1項では、『株主の平等』（「株式会社は、株主を、その有する株式の内容及び数に応じて、平等に取り扱わなければならない」）が謳われているものの、同条第2項では、非公開会社（公開会社でない株式会社）に限り、第1項の規定にかかわらず、次の例外が認められることが定められています。

☆株主の次の権利（第105条1項各号）について、

『"株主ごとに" 異なる取扱いを行う旨を定款で定めることができる』。

　①剰余金の配当を受ける権利
　②残余財産の分配を受ける権利
　③株主総会における議決権

この例外的内容が定款に定められた株式は、株主ごとに（属人的に）異なる取扱いがされることから、「属人的株式」と呼ばれます。

　属人的株式は、その権利・取扱い内容を定款に定めることで種類株式とみなされるものの、種類株式とは異なり、登記事項とはされないため、定款で定めた内容（属人的株式の内容及びそれを発行したこと）は、機密漏洩等がない限り、第三者に知られることはありません。

■種類株式との主な違い：

	種類株式	属人的株式
権利の取扱い	どの株主が保有しても同様の権利が与えられる	特定の株主にのみ権利が与えられる
複数議決権の付与	不可	可
登 記	必要	不要

Ⅱ．事業承継における属人的株式の活用例とその着眼点

■「『株主総会における議決権』に関する属人的定め」を活用した事業承継：

◎簡単な計算でメリットが試算できます。

【例】代表取締役社長に限り「１株複数議決権」の取扱いとする。（※会社法の原則は「１株１議決権」）

❶現状における各株主の持株数と議決権比率（総議決権数 200 個）

- 株主Ａ（現代表取締役社長）180 株［議決権 180 個、議決権比率 90％］
- 株キＢ（後継者・専務取締役）20 株［議決権 20 個、議決権比率 10％］

❷定款変更（定款への記載例）

「当社の代表取締役社長が保有する株式１株につき、議決権は５個とする。
ただし、当該取締役が譲渡した当該株式の議決権は、１株につき１個となる。
また、当該取締役が代表取締役社長を退任した場合、死亡した場合、あるいは病気や事故など
により判断能力を失った場合は、当該取締役の保有する株式の議決権は１株につき１個となり、
新たに就任する代表取締役が保有する株式に本状の定めが適用されることとする。」

❸定款変更後の各株主の持株数と議決権比率（総議決権数 920 個）

- 株主Ａ（現代表取締役社長）180 株［議決権 900 個（180 × 5）、議決権比率 98％］
- 株主Ｂ（後継者・専務取締役）20 株［議決権 20 個、議決権比率 2％］

❹株式の贈与（または有償譲渡）［Ａ ⇒ Ｂに 30 株（※）］ & 事業承継［後継者が代表取締役に就任］

- ※後継者がこの時点で納税（または購入）可能な範囲の分の株式をできる限り多く贈与（または有償譲渡）。

❺事業承継後の各株主の持株数と議決権比率（総議決権数 400 個）

- 株主Ａ（取締役会長）　　　　　150 株［議決権 150 個（150 × 1）、議決権比率 37.5％］
- 株主Ｂ（後継者・代表取締役社長）50 株［議決権 250 個（ 50 × 5）、議決権比率 62.5％］

≪ポイント＆メリット≫

- 本例では、後継者に納税資金や株式購入資金が十分にない場合において、<u>承継後の後継者の保有株式数が過半数に満たなくても、50％超の議決権を確保することができます。</u>ただし、代表取締役を退任した先代経営者は多くの株式を保有したままの状態ですので、後継者が親族であれば、いずれ、先代経営者が保有する株式の全てを受け継ぐ必要が生じることになると思われます。
  その際の納税等の負担を軽減させるために、次の（A）（B）などの対策を行うことが考えられます。
  （A） 先代経営者が代表取締役社長または取締役会長を退任した際、役員退職金を支給するなどして、翌事業年度に株価が下がったタイミングで納税が可能な分の株式贈与を受ける。
  （B） 承継後の経営が軌道に乗り、自己資金をある程度蓄えた段階で、先代経営者（会長）の手元に残った株式について、少しずつ贈与を受けながら、その都度納税していく。
- このような「１株複数議決権」を設定しておくと、<u>現代表取締役社長の突然の死亡によって相続人の間で株式が分散した場合でも、後継者が経営権をしっかり確保することができます。</u>

■属人的株式の設定で必要となる手続き：

①株主総会の開催

決議は特殊決議［<u>総株主の半数以上</u>（これを上回る割合が定款で定められている場合はその割合以上）、かつ<u>総株主の議決権の４分の３以上</u>（これを上回る割合が定款で定められている場合はその割合以上）。会社法 309 条４項］

②定款変更（※登記は不要）

■活用上の留意点：

- 属人的株式の設定（定款変更）に関する株主総会の決議内容が、「著しく不当な決議」（会社法 831 条１項３号）の疑いがある場合は、その決議が無効になる恐れがあります。例えば、特定の株主以外の株主から議決権を奪う内容でありながら、それを代償する措置（配当額の優遇等）がとられていないような場合などが考えられます。
  属人的株式の設定については、全ての株主から同意を得られるような内容にすることに努めるとともに、顧問弁護士や取引金融機関から紹介された弁護士等に相談しながら検討することが大切です。
- 設定には特殊決議が必要であるため、検討着手は、現オーナーが健在であるうちに、早めが肝要です。

後継者不在でも諦めずに事業承継を進められるファンドの活用法

　自社内に、内定している次期後継者や候補になり得る人材がいない場合であっても、そのことで事業承継を諦める必要はありません。事業を受け継いでくれる人材を外部に求める方法があります。後継者を探す方法として利用されているものには、各都道府県の事業承継・引継ぎ支援センターに設置されている後継者人材バンクや人材紹介会社等がありますが、ファンドを活用する方法もあります。

　基本対策例8（p.35）では、後継者がいることを前提としたファンドの活用について紹介していますが、ファンドは、後継者が株式取得資金を調達する目的以外にも活用することができるのです。

　一般的な事業承継ファンドでは、M&Aのように、ファンドに自社株式の全てを譲渡するケースも少なくなく、その場合は、ファンド側が後継者を外部から探すなどして確保するため、自社内に後継者や後継者候補がいない場合でも、ファンド活用により事業承継を実現することができます。また、企業を買収して経営者になることを希望している個人等が出資を受けるサーチファンドでは、その個人等が自ら企業に対してアプローチしますので、これも後継者不在の問題を解決する方法の一つとなります。

　つまり、事業承継時の後継者の資金問題と後継者不在問題を同時に解決することもできるということです。

　しかし、たとえばオーナーが営業や管理等の多くの業務を担っているなど、自社の体制が後継者にとって受け継ぎにくい体制となっている場合、単にファンドを活用するだけでは、後継者への引き継ぎが難しいケースも存在します。このような場合に検討されるのが、オーナーの再出資スキームによるファンド活用です。

　ここでは、事業承継ファンドにおいて、オーナーによる再出資スキームを採用しようとする場合に知っておくべきスキームの仕組みや注意点、ファンドが着目するポイントについてご紹介します。

Ⅰ．オーナーの再出資スキームによるファンド活用の仕組みとその特長

　後継者確保に悩む企業の多くは、実はそもそも自社が後継者へ引き継ぐ体制（後継者が受け継ぎやすい体制）となっていないケースが散見されます。その多くは、オーナーの属人的な経営手腕に極端に依存した事業運営となっているような場合で、ファンド側がどんなに優れた後継者を見つけて連れてきたとしても、それまでの事業運営をスムーズに引き継ぐことは困難です。

　後継者へのスムーズな引き継ぎを可能とするには、自社の体制を、オーナーの属人的な運営から組織的な運営へと転換する必要があります。組織的な運営を行うために必要となる事項は、例えば以下のような項目が挙げられますが、専門的な知識や経験を有したファンドであれば、オーナーの再出資スキームにおけるオーナーとの協力のもと、この体制づくりを支援し、実現することができます。

■適切な会議体（取締役会、経営会議等）の設置と運営

　すべての報告が社員からオーナーに直接行われ、オーナーが意思決定しているような場合、これを後継者が引き継ぐことは困難です。会議体を設置し、情報を共有し、合議による意思決定を行う体制とすることで、外部からの後継者確保がしやすくなります。

■職務権限の委譲とルール化（職務分掌規程、稟議規程等の制定・運用）

　これまでのオーナーの職務権限を組織に委譲し、組織が自律して運営される体制を整えることで、後継者の役割を組織における一機能とすることができます。これにより、引き継ぎによる事業全体への影響（後継者への負担集中に伴う事業の停滞など）を軽減することができます。

■管理会計の整備・運用

　オーナー企業では、収益を上げている商品の判別や事業戦略の策定等における判断が、オーナーの経験則に基づいて行われているケースがあります。管理会計を整備することで、事業判断をするために必要な情報を見える化し、外部から招聘する後継者であっても、事業を早期かつ的確に判断できる体制を整える必要があります。

≪オーナーの再出資スキームの流れ≫

手続きとしては、基本対策例8における流れでの「後継者」を「オーナー」に変更したものとなります。具体的には、オーナーが保有する自社株式（A社株式）を買い取ることを目的とした株式取得目的会社（B社）をファンドとオーナーが共同で設立し、自社株式の100%の譲渡を受けます。

これにより、会社の支配権がファンドに一度に移るのではなく、ファンドとオーナーの共同会社というかたちになります。こうした関係の中で、数年間、ファンドの知見を借りて、後継者へ引き継ぐ体制づくりをオーナーとファンドが協力して行っていきます。

そして、後継者へ引き継ぐ体制を構築した段階で、後継者を外部から探すか、またはオーナーがファンドと一緒に後継者に売却を行うかどうかについて、両者が協議しながら判断をしていきます。

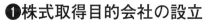

❶株式取得目的会社の設立

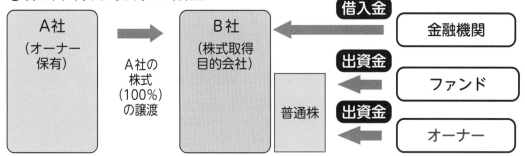

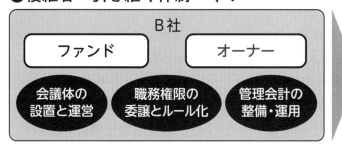

❷後継者へ引き継ぐ体制づくり

❸後継者探し等について協議・実行

Ⅱ．後継者不在の企業がファンドを活用しようとする場合の注意点

ファンドは、資本参加することにより、オーナーと同じ目線で、後継者への引き継ぎ体制構築に向けて努力することが期待される一方、一定期間のうちに一定の利益を乗せて投資回収を行う必要があります。そのことから、数年後、企業価値が高まった段階で、オーナーが望まないかたちで他社に売却する等の話がファンドから持ち掛けられる可能性もあります。

最終的に納得のいくかたちで事業承継を実現するためにも、本スキームの実行にあたっては、事前にファンド側と会社の将来の方向性についてしっかりと話し合いを行うことが必要となります。

なお、ファンド活用の検討にあたっては、まずは取引金融機関等に相談してみるとよいでしょう。

Ⅲ．事業承継支援の可不可の判断時にファンドが着目する主なポイント

ファンドが着目するポイントとしては、事業自体の収益性に加え、投資後、一定期間内にその事業を組織的な運営体制へ転換できると感じられるかどうかであり、それが本スキーム採用にあたっての判断ポイントとなります。

専門的な知見はファンドに期待できますが、例えば、権限移譲により人を育てるといったことは、一朝一石では成し得ないため、オーナーは本スキームの活用以前から、従業員等のオーナーへの依存度を少しでも引き下げることに努め、組織的な運営を行うための体制づくりの準備をしておくことが肝要です。

分散株式を集約するにはオーナーの存命中に早めの対策を

オーナーはスムーズな会社経営のために、株式（議決権）を過半数（できれば3分の2超）確保すべきであるとよく言われます。確かに意思決定をするにはそれでよいのですが、その一方で、「少数株主」の存在にも気を付けなければいけません。ここでは「少数株主」に関する論点について2つご紹介します。

Ⅰ．少数株主の権利と潜在リスクへの対応

会社の経営上、少数株主の意見を反映させなければならないケースはまれですが、会社法は少数株主に対して経営者として無視できない次のような権利を認めています。

◆ 1単元株以上の株式を有する株主
⇒ **株主代表訴訟（※1）を提起する権利**
※1：株主が、会社に代わって取締役や役員等の責任を追及し、損害賠償を求める訴訟のこと。

◆ 総株主の議決権の3％以上、または発行済株式数の3％以上の株式を有する株主
⇒ **会計帳簿等の閲覧・謄写を請求する権利**

また、株主に相続が生じた場合、その相続人から「株式を（高値で）買い取ってほしい」と要求されることがよくあります。

元々保有してもらった経緯としては、①「会社設立時に発起人として名義を借りた（1990年の商法改正前は7名の発起人が必要でした）」、②「相続税対策として従業員・取引先に保有してもらい、将来何かあるときは払込金額で買い取る口約束をしていた」というようなケースが多くみられます。

しかし、**オーナーや株主が代替わりしてしまうと当初の経緯が分からなくなるのはもちろんのこと、株主が生前に会社から何らかの恩恵を受けていたとしても、株主の相続人が会社に対して好意的とは限らない、というリスクが生じます。**

潜在的なリスクを放置せず、オーナーは次の後継者にバトンタッチする前に、これらの少数株主に対して何らかの対応をしておくことが望まれます。

対応方法としては主に次のようなものが考えられますが、ケースによって有効性が異なるため、詳しくは専門家にご相談ください。

＜少数株主への早期対応方法（例）＞

少数株主に相続が発生する前の株式買取り
● 会社による買取り
　[金庫株（p.24参照）として]
● オーナー個人による買取り
　（次頁参照）

潜在的リスク

名義株の処理（p.50参照）
名義株主との確認のもと、株式名義を本来の所有者（オーナー）名義に変更する

持株会の組成（p.22参照）
役員や従業員が退職時に株式を返還するような制度を設計する

Ⅱ．個人少数株主からの買取り価額 〜キャッシュアウトの損得対比で決める〜

　オーナーが個人少数株主から株式を買い取る場合、原則的評価方式［株式評価等の基本1①非上場株式の評価方法（p.84）参照］による評価額よりも安価で買取りをすると、個人少数株主から贈与を受けたとして、差額に対しオーナーに贈与税が課税されます。

　この点について、オーナーの中には、「元々旧商法下の額面株式のように安い金額で払い込まれたものであるにもかかわらず、贈与税がかからないようにするために原則的評価額で買い取らなければならない」と誤解している方が多くいらっしゃいます。

　原則的評価額で買い取るよりも、特例的評価方式［配当還元方式（p.84）参照］**による評価額で買い取り、更に贈与税を支払ったほうがキャッシュアウトは少なくなりますので、オーナーにとっては有利です。**次の例をご覧ください。

＜株式の買取り価額と贈与税＞

買取り価額の前提	原則的評価額 **1,000万円**	特例的 (配当還元) 評価額 **100万円**
贈与税	なし	**①通常のケース** ［900万円（※1）− 110万円（基礎控除額）］× 40%（税率） − 125万円（控除額）= **191万円** 　※1：1,000万円 − 100万円 = 900万円 **②2年に分けて買取りしたケース**（注） ［{450万円（※2）− 110万円（基礎控除額）}× 20%（税率） − 25万円（控除額）]× 2年分 = **86万円** 　※2：900万円 ÷ 2年 = 450万円 　注：贈与税の比較をするため、株価は2年間同額として計算していますが、実際は毎年変動しますのでご留意ください。 　　［贈与税の税率と控除額は、p.68をご参照ください。］
キャッシュアウト	**1,000万円**	ケース①：**291万円**［100万円 + 191万円］ ケース②：**186万円**［100万円 + 　86万円］

　原則的評価額で買い取れば1,000万円のキャッシュアウトですが、100万円で買い取って贈与税を支払えば291万円（100万円 + 191万円）で済みます。

　さらに、例えば12月と1月のように年をまたいで2年に分けて買い取れば、110万円の基礎控除額が2回使えて、かつ、贈与税率が下がりますので、186万円（100万円 + 86万円）のキャッシュアウトで抑えることが可能です。

名義株の問題点と対処策

　名義株は、株主名簿上の名義人と実質的な所有者が異なっている株式で、将来において、税法上は、実質的な所有者（真の株主）は名義人ではなく別の者である［例:名義人となっている会社設立時のオーナー以外の発起人（オーナーの親族や友人等）の株式の真の株主はオーナーである］とみなされる株式をいいます。

　この名義株は、1990年の商法改正前に設立された株式会社（発起人7名以上が必要）に多く見られます。オーナーと名義人は共に高齢化しており、名義株の発生した事情を承知している当事者が存命中に名義株の対策を実行しておくことは、事業承継後の会社経営に支障を来さないようにするためにも必要不可欠です。そのため、事業承継の準備を行うに際して、名義株が存在しないかどうか、現状の実態把握を行うことが極めて重要です。

Ⅰ．名義株の問題点

- 名義株の処理がされないまま名義人が死亡し、その法定相続人によって株式が相続された場合、会社経営に全く関係のない第三者に議決権が渡ることになり、その議決権の比率が高い場合には、経営上重大なリスクとなる恐れがあります。
また、名義人の相続人から、当該株式の高額な価格での買取りを求められることも起こり得ます。
[《"転ばぬ先の杖"（C）》（p.48）もご参照ください。]

- 税法上は、例えば、オーナーの死亡により相続が発生した際に、税務調査によって、名義株と判断される株式が見つかり、最終的に真の株主はオーナーであると認定された場合、それらの株式は全て被相続人（オーナー）の相続財産として、相続税の課税対象となります。後継者にとっては、実質的には会社経営にほとんど関わりのない者に分散していた株式を集約できる（後継者以外の相続人との遺産分割協議等を経たうえで）機会にはなりますが、名義株の評価額が高額であれば、想定外の追徴課税に伴い、納税資金を捻出することが困難となる状況に陥る恐れもあります。

Ⅱ．名義株の存在を認識した際の処理方法

【ステップ1】名義株である旨の確認（確認書の作成）〈資金負担を伴わない処理方法〉

　実際に名義人と実質的な所有者が異なる場合は、早い段階で双方（当該会社を交えた三者で）が話し合い、「確認書」を作成して、当該株式の名義を実質的な所有者（真の株主）の名義に変更する。

　《「確認書（「名義株である旨の確認書」など）」への主な記載内容（例）》

　　株主名簿に記載の者（名義人）は設立発起人ではあったが、名義人の株式（合計○○株）については、名義人は一切の権利を有しておらず、当該株式取得のための名義人による金銭の払込みやオーナー（実質的所有者）からの贈与がこれまでに行われたことはない。

　　当該株式については、オーナーが金銭の払込みを行ったものであるため、直ちに名義人から真の株主であるオーナーの名義に変更することとする。

【ステップ2】当該株式の買取り〈資金負担を伴う処理方法〉

　　～名義人が名義株として認めない（ステップ1を拒絶する）場合～

① 名義人を本来の所有者として考え、「株式売買契約書」を作成して、オーナーなどの個人が名義人から当該株式を買い取り、株式の名義をオーナーなどの名義に変更する。

② 名義人を本来の所有者として考え、金庫株（p.24参照）として会社が当該株式を買い取る。

③ 名義人を本来の所有者として考え、後継者が出資した持株会社（p.32参照）で当該株式を買い取る。

所在不明株主の問題点と対処策

　M&Aでの事業承継を行う際や、後継者の十分な議決権数確保の調整をして内部昇格による事業承継を行う際などに、所在不明株主［株主名簿に記載はあるものの、長期間、会社からの通知または催告が継続して到達せず、剰余金の配当も受領していない株主］が存在する状態が続くと、円滑な事業承継の妨げになる恐れがあります。

　また、事業承継時だけでなく、既存の普通株式の一部を種類株式に変更する場合など、全ての株主の同意が必要となる事項について決議することができなくなります。

　そのため、現時点で暫く連絡のとれていない株主がいる場合は、まずはすぐにでも居所を探してみることです。本人が見つかれば、交渉をして、会社またはオーナーが株式を買い取ることができます。もし亡くなっていたことが分かれば、相続人を探して交渉し、株式を買い取ります。

　しかし、もし、暫く探しても本人（亡くなっている場合は相続人）の居所が見つからなければ、所在不明株主から強制的に自社株を買い取る準備を進めるのが肝要です。

Ⅰ．事業承継における所在不明株主の主な問題点

■株式譲渡によるM&Aにおいて株式の一部を譲渡することができなくなる

　買収企業（買い手側）が全ての株式の買取りを希望したとしても、売り手側が、所在不明株主の保有する株式をあらかじめ買い取っておくことができない限り、売り手側企業は買い手側企業に対して、株式の一部を譲渡できず、M&Aを実現できなくなる恐れがあります。

■後継者に確保させたい十分な議決権数を贈与・譲渡できなくなる

　親族内承継や内部昇格、外部招聘で個人が後継者として承継する場合に、本来は3分の2を超える議決権数（株式）の確保を望んでも、所在不明株主が保有する株式の分だけが足りず、結果として、過半数を超える議決権数までしか贈与・譲渡することができなくなる恐れがあります。

Ⅱ．所在不明株主から自社株を強制的に買い取る主な方法

■現オーナーが特別支配株主［総株主の議決権の90％以上を保有する株主］である場合：

　「特別支配株主による株式等売渡請求」を利用することで、所在不明株主から強制的に株式を買い取ることができます。ただし、この制度を利用する場合は、特別支配株主は、全ての株主（所在不明株主だけでなく、後継者やその他全ての少数株主）の株式を買い取らなくてはなりません。

　つまり、オーナーに全ての株式を集約させることから、①買収企業に全株式を譲渡するM&Aでの事業承継を行う場合や、②後継者に全ての株式を贈与・譲渡して（少数株主が残ることがないかたちで）事業承継を行う場合に適した方法と言えます。

　特別支配株主による株式等売渡請求は、取締役会決議（※）で承認を得れば実施することができます。
　　※議決権のある取締役の過半数が出席し、出席した取締役の過半数の賛成が必要（取締役会非設置会社の場合は、全取締役の過半数）。

■現オーナーが特別支配株主でない場合：

●「株式併合」［複数の株式を合わせて、それよりも少ない株式（例えば10株を1株）にまとめること］により、所在不明株主が保有する株式数を1株未満の端数株式にし、裁判所から売却許可を得ることで、会社はその株式全てを強制的に買い取ることができます。ただし、全ての株主が保有する株式が一律に併合されるため、所在不明株主以外の株主の株式についても、端数部分は会社で買い取ることになります。なお、株式併合は、株主総会の特別決議（※）で決定されなくては行うことができません。
　　　　※議決権の過半数を有する株主が出席し、出席した株主の議決権の3分の2以上の賛成が必要。

●「所在不明株主に関する会社法の特例」（2021年の経営承継円滑化法の改正により創設）を利用し、都道府県知事の認定を受け、一定の手続き保障を前提に、所在不明株主［特例においては、会社からの通知または催告が1年以上（※）継続して到達せず、剰余金の配当も1年間（※）受領していない株主］の株式を強制的に買い取ることができます。　　※特例ではない「所在不明株主の株式売却制度」の場合は、1年ではなく5年。

　所在不明株主からの自社株の強制的な買取りは、顧問弁護士や取引金融機関から紹介された弁護士等に相談しながら検討して進めることが大切です。

役員退職金活用をめぐる事業承継対策の盲点

「役員退職金の支払いによって株価が下がったところで自社株式を後継者に譲る」という方法は、「基本対策例1役員退職金を活用した事業承継対策」にも記載されているとおり、事業承継対策の基本パターンです。

ここでは、この役員退職金の支払いに係る実務的な盲点を1つご紹介します。

≪役員退職金は損金算入限度額までしか支払えないか？≫

オーナーのご相談にのっていると、「自分が心血注いでここまで会社を大きくしてきたのに、思ったほど役員退職金をもらうことができない」というお悩みをよく伺います。

資金繰りに問題がある場合は別ですが、このようなケースの殆どはオーナー自身（または顧問税理士）が「役員退職金支払限度額＝法人税の損金算入限度額」という思考の呪縛にとらわれていることに起因しており、もう少し柔軟に考えてもよいかもしれません。

「役員退職金額はオーナーの会社人生における通信簿であるのだから、その点数はご自身で付けるのがよい」。すなわち、その結果、法人税で損金とならず有税扱いとされる部分が生じても構わないという思考です。心血を注いで高収益の事業と財産を形成してきた功績が認められるのであれば、事業の存続・承継に無理のない範囲で、いわゆる "過大退職金" に伴う法人税を納めることを良しとする考え方があってもおかしくはないと思います。

役員退職金は、「次にやりたい事業に投資する」「第二の人生を謳歌する」「社会貢献」「個人の資産形成」「相続税の納税準備」など、その使途は様々です。

このようなオーナーの退職後の人生設計について、法人税の観点からだけでその思いに壁を作ることなく、今まで会社に貢献してきた実績を勘案したうえで、ぜひ自信を持って役員退職金額を決めていただきたいと思います。

なお、オーナーが受け取る役員退職金に係る所得税等は、法人税が有税扱いとなる分も含めて、「退職所得」として「2分の1（※1）」課税となります。

※1：役員任期（役員等としての勤続年数）が5年以下の場合は「2分の1」を乗じることはできません。

<役員退職金に係る課税イメージ>

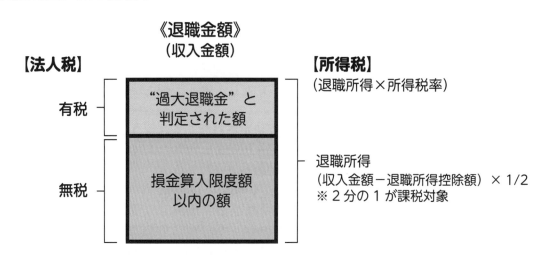

※役員退職金の一般的な算定方法、過大退職金の判定基準については、基本対策例1のp.21をご参照ください。

資金を使わない持株会社への移行 〜株式交換と株式移転による組織再編〜

　　事業承継対策として持株会社を活用するケースは多く見受けられますが、これはオーナーが自身の保有する既存会社の株式を持株会社に譲渡するもので、特に後継者へのバトンタッチの準備がほぼ整っているような場合に活用できる対策です。通常は、基本対策例7のように、**"後継者" が持株会社（B社）を設立**し、事業承継目的でB社の子会社にする会社（A社）の株式の購入資金を用意する必要が生じます。その金額が多額となって借入れが行われることも少なくはありません。

　　しかし、組織再編の一環として持株会社体制へ移行する場合は、一般的には、既存グループ会社の活用や新会社の設立による「**株式交換**」・「**株式移転**」の方法がとられています。これには**株式の売買が伴わないため、資金を使わずに**（借入れ等による負債を一切抱えることなく）移行が実現できます。

　　そのため、複数の会社を経営している場合で、グループ全体の経営効率化を図るための組織再編が必要な状況にあるような場合には効果的な方法です。ここでは、事業承継の実現が喫緊の課題とはならないため、経営の効率化と併せて、後継者の育成をある程度のゆとりをもって進めていくことができます。

Ⅰ．株式交換・株式移転とは

　　株式交換・株式移転とは、株式会社がその発行済株式の全部（※1）を "**他の会社**" に取得させることをいいます。株式を取得するその "他の会社" は「持株会社（完全親会社）」になり、株式を取得される会社は「完全子会社」になります。

> **※1:**全ての株式を交換することが困難な場合、2021年3月施行の株式交付制度（※2）により、親会社となる会社が子会社となる会社の株式を部分的に取得して子会社化（議決権50%超）し、その対価として親会社株式を子会社の株主に交付することができます。

　　株式交換では、**"既存" 会社**の中から「持株会社」にする会社を選定します。
　　株式移転では、新たな会社をつくり、その **"新設" 会社**を「持株会社」にします。
　　オーナーには、完全子会社になる予定の会社の株式を、完全親会社になる予定の会社に取得させる見返り（対価）として、持株会社の株式が割当て交付されます。

【株式交換・株式移転の手順例】
① 持株会社になる予定のB社を選定or設立する。
　●株式交換の場合：子会社になる予定のA社と同じ同族グループであるB社とで株式交換契約書を締結し、A社とB社がそれぞれの株主総会でその契約書の承認を特別決議する。
　●株式移転の場合：A社の株主総会で、新会社B社設立の承認を特別決議する。
② オーナーは、自身が保有するA社株式の全部をB社に引き渡す。
③ B社は、②の対価として、B社の新株式を発行し、オーナーに割当て交付する。
④ ③により、B社はA社（完全子会社）の株式を100%保有する親会社（完全親会社）となる。
　[B社はA社の持株会社となり、オーナーはB社の株主となる。]

> **※2：株式交付制度**
> [主な活用場面] 組織再編に反対する株主がいる状況において、反対株主を除いた株主の株式を親会社に集約する場合。
> [主な利点]
> ①子会社となる会社の株主総会決議は不要。
> ②反対株主は自己の株式の買取りを子会社に請求できない。
> ③株式交付の対象となる株主を自由に選べる。

Ⅱ．主なメリット・デメリット［後継者による持株会社設立（基本対策例7）の場合と比較して］

【メリット】
●株式の購入が不要のため、資金がない場合でも持株会社化が可能となる。
●組織再編税制の税制適格要件（※）を満たす場合には、B社の完全子会社となるA社の株式等資産の移転（引渡し）時の評価が時価ではなく簿価となり、課税が繰り延べられる（移転時の課税がなく、対価として得たB社株式を譲渡するまで課税されない）こととなる。 ※適格要件《100%完全支配関係の場合》：
　　　完全支配関係の継続 ／ 株式の交換・移転の対価が金銭等でなく完全親会社の株式のみの交付
●将来必要となる事業承継については、持株会社体制への移行後の状況に応じて判断すればよいので、経営の効率化と後継者の育成をある程度のゆとりをもって進めていくことができる。
●二代目承継時から、含み益の37%控除による株式評価が可能となる（基本対策例7では三代目以降／p.33参照）。
●同族グループ会社が複数ある場合でも、将来の後継者は、グループ全体の支配権をまとめて承継するので、会社ごとの株式引継ぎが不要となる。

【デメリット】
●譲渡による持株会社化とは異なり、オーナーは株式を現金化することができず、創業者利益を十分には得ることができない（ただし、承継時に、後継者への有償譲渡や自身への退職金支給等を行えば、それなりの現金取得が可能）。

個人経営飲食店等の廃業を考えるオーナーが見落としがちな活路

　後継者候補のいない個人経営飲食店等の高齢オーナーの多くは、事業承継の実現可能性をイメージしづらい状況にあるが故に、廃業を考える傾向が強いように思われます。そして、このような状況においては、引退の潮時が来たら廃業するという考えを持つのは、ごく自然なことであるように思われます。廃業はマイナスイメージを持たれやすいですが、選択肢の一つにすぎません。

　ただ、廃業するには多くの手間や費用がかかる場合があるため、負担のリスクを最小限に抑える方策を練り備えておくことが大切です。

　それとは逆に、廃業時に店舗の居抜き売却ができれば現金収入を得られる場合もあるので、その対応策にも留意しておきましょう。

　いずれにせよ、より望ましい形での廃業が実現できればよいのではないでしょうか。

　一方、現時点で後継者候補が不在であっても、廃業することを安易に選択せず、試しに後継者探しをしてみることで、事業承継を実現できるかもしれません。後継者不在の事業者と、既存の事業を受け継ぐかたち（ゼロからの新規開業よりも開業費用等の負担を抑えられるかたち）での起業を希望する者とのマッチング支援サービスがあります。つまり、将来の後継者に出会える可能性は残っており、その後継者候補には、事業を受け継いでもらえるだけでなく、事業と事業用資産を買い取ってもらえるかもしれないということです。

　そのほか、あなたの事業の買収を希望する同業の法人や個人事業主などが現れれば、M&Aで売却することも可能です。

　しかし、これまで廃業や事業承継を経験したことのない高齢のオーナーが独りでそれを行うには、多くの困難にぶつかる恐れがあります。独りで悩み苦しむことなく、事業承継・引継ぎ支援センター等の公的機関や金融機関、事業承継支援に強みを持つ税理士や弁護士、不動産会社等に相談し、支援を受けることで、廃業または事業承継のいずれの道を選択するにしても、時間的・心身的負担を軽減しながら、活路を見出して、安心して進められる可能性が高まります。

　本項では、個人経営飲食店等の廃業を考えているオーナーが見落としがちな活路について、廃業と事業承継それぞれの観点からご紹介します。

Ⅰ．廃業の活路［費用負担を最小限に抑えて現金収入を得る方法］

■居抜き売却［造作譲渡（賃貸物件の場合）］

　飲食店等の店舗が賃貸物件であれば、廃業する際には、賃貸借契約の内容によりますが、多くの場合、事業運営のために施した内装や設置した空調設備、厨房設備機器・什器等の全てを解体・撤去し、その物件を借りる前の状態に戻して（スケルトン状態で借りたのであればその状態に戻して）退去する必要が生じます。その場合は、原状回復工事費や設備機器の処分費等の出費が伴うことになります。

　それとは逆に、内装や設備機器・什器等の造作物の多くをそのまま残して退去することができれば、退去に伴う工事費や処分費が大きく抑えられます。

　その実現を可能にできるのが造作譲渡による居抜き売却です。現状の内装や設備機器・什器等の造作物の多くをそのまま利用するかたちでの飲食店等の開業を希望する個人・法人に出会うことができれば、その個人または法人にあなたの事業用資産である造作物を売却し、現金収入を得られる可能性が高まります。どの程度の金額で売却できるかは交渉次第ですが、立地が良く、集客力が高く、建物の見栄えや耐震性など構造的な面などでも高い評価がされる物件であれば、そういう価値ある物件を現状の内装や設備機器・什器等の造作物が付いた状態で利用できるという価値も加味した造作譲渡料の提示・交渉も

可能ですので、造作物の価値だけが評価された金額を超える額での売却ができるかもしれません。

　もし、ほとんど値段が付かない場合でも、工事費や処分費の負担を抑えることができます。

（注）物件所有者（貸主）の考えによっては、造作譲渡による居抜き売却が許可されない場合もありますので、必ず物件所有者に相談・意思確認し、承諾を得てから進めることが肝要です。

　　　また、造作譲渡を実現するための手続き等（物件査定、物権所有者や不動産管理会社との交渉、買取り希望者の募集、造作譲渡契約の締結など）に関する支援経験が豊富な不動産会社等に相談すれば、時間的・心身的負担が軽減され、スムーズに進めることができるでしょう。

Ⅱ．事業承継の活路 ［後継者候補が不在の場合でも事業承継を実現する方法］

■「後継者人材バンク」や「事業承継マッチング支援」を活用した後継者探し

　一定期間、後継者探しを試みてみることで、事業承継を実現する出逢いがあるかもしれません。

　全国48カ所の事業承継・引継ぎ支援センター（国からの委託を受けて運営されている公的支援機関）に設置されている「後継者人材バンク」では、"後継者を探している（後継者不在の）小規模事業者（会社及び個人事業者）"と"事業の譲受けによって独立開業・起業を希望する個人（後継者候補）"を引き合わせる支援を行っています。

　「後継者人材バンク」の登録者には、後継者を探している事業者のノンネーム情報（社名等の詳細情報を含まない業種・事業内容・引継ぎ条件等）がセンターからメール配信等で提供されます。登録者がその情報（事業者）に興味を示した場合で、それに伴い双方が提供する詳細情報（登録者も事業者に経歴書等の資料を提供）に双方が関心を持った場合にのみ、事業者はその登録者と面談する機会が与えられます。

　　　　　　　　　　　（注）事業者が登録者情報を検索して人材にアプローチすることはできません。

　日本政策金融公庫の「事業承継マッチング支援」では、"事業を譲り渡したい後継者不在の中小企業・小規模事業者"と"事業を譲り受けて創業したい個人"／"事業の拡大・新分野進出をしたい中小企業・小規模事業者"をつなぐ支援を行っています。

　譲受け側は、事業を営んでいない個人だけでなく、企業も対象となるため、後継者となる個人が見つからなくても、企業に譲渡できる可能性があります。

　　※出逢えた後継者候補に十分な資金力がない場合であっても、継いでくれる人がいるだけで十分満足だと感じることができるのであれば、無償で譲渡する（後継者の負担は無償譲渡に伴う贈与税や不要設備等の廃棄処分費、新什器の設置費等）という判断も選択肢の一つになり得るのかもしれません。

■ M&A による事業譲渡

　個人や企業が小規模な個人経営飲食店等の事業を M&A で買収するケースは少なくありません。

　飲食店等の事業の譲受け希望者を探し、M&A で事業を譲渡（売却）できれば、大事なお店は残り、従業員がいる場合には、従業員の雇用を守れる可能性が高まります。

　個人経営の小規模な事業の売却を M&A で進める（買い手を探す）には、事業承継・引継ぎ支援センターや地域金融機関に相談したり、譲渡し側（売り手側）と譲受け側（買い手側）のマッチング支援がオンライン上で提供される M&A プラットフォームを利用したりする方法があります。

　M&A は、店舗の居抜き売却よりもずっと手間がかかりますが、お店を残し、従業員の雇用も守りたい気持ちが強く、より多くの現金収入を望む場合などには検討されてみるとよいでしょう。

M&A を選択する前にあらかじめ考えておくべきこと

M&A は事業承継を実現させる有力な選択肢となります。

しかし、M&A を選択する場合には、独断で慌てて専門家への依頼や相手企業探しを始めることはせず、あらかじめ、①取締役（役員）と従業員（リーダー格のみ）の考え・気持ちを確認することや、②買い手候補が現れた際の株式または事業の譲渡の決断条件を決めておくこと、③希望どおりの買い手が見つからない場合の対処策などを考えておくことが肝要です。

Ⅰ．取締役（役員）と従業員、取引金融機関の考え・気持ちの確認

（注） M&A による譲渡実施の前に知られたくない従業員や顧客、同業者等に秘密の漏洩が起きないよう、細心の注意を払う必要があります。

■**取締役（役員）**：M&A による事業承継では取締役の協力・手腕が必要です。買収されたあとも会社に残る取締役が、継続して事業成長の要となる働きができるかどうかが、M&A の成功に影響します。そのため、M&A のタイプ［株式譲渡、事業譲渡、他］にかかわらず、オーナーは、独断で M&A の準備を始めることなく、着手前の早い段階で全取締役に相談し、じっくり話し合い、取締役の考え・気持ちを確かめて、十分な合意を得ることが大切です。

経営陣に相談することで、M&A よりも、特定の役員個人が承継すること、あるいは経営陣で MBO を実施することのほうが望ましく得策であるというような声が挙がる場合があるかもしれません。

■**従業員**：考え・気持ちを確認しておいたほうがよいのは、幹部クラス、リーダー格の従業員のみです。M&A で経営者が変わっても残ってもらいたい考えを伝え、辞職しない意思を確認することがポイントです。リーダー格の優秀な人材の大半に辞められてしまうと、事業が大きく傾く恐れがあるからです。そのためにも、良い買い手を探すこと、譲渡前の基本合意ができてから相談することが肝要です。

■**取引金融機関**：M&A への着手を決める前に、自社の内部事情・状況をよく知る取引金融機関の担当者に早めに相談することで、金融機関による自社の評価や、相応しい買い手候補の存在を知るなどして、M&A の推進に自信を持てる場合があります。

また、逆に厳しい評価を受けて別の方法が得策であると考えを変更することになるかもしれません。あるいは、実は後継者として適格な人材（金融機関が認める優秀な人材）が社内または社外にいることを知らされる実例もあり、M&A よりも内部昇格や外部招聘による承継が望ましいことに気付くかもしれません。

Ⅱ．買い手候補への株式または事業の譲渡を決断するうえでの条件設定

買い手候補が現れたときに、焦りなどから、譲歩の多い内容で合意するようなことがないよう、あらかじめ、次のような項目に関して、譲れない条件を設定しておくとよいでしょう。

■**買い手候補が「法人」の場合**
　　①譲渡先企業の事業内容・経営状況等、②地域経済・社会への貢献の内容・度合いと継続性、
　　③譲渡後の事業展望、④現役員・従業員の雇用と待遇、⑤最低譲渡額、⑥譲渡の時期・期限

■**買い手候補が「創業希望の個人」の場合**
　　①経営者としての資質、②経験・実績、③資金調達能力

※ M&A 専門業者や金融機関等の支援機関を利用する際は、最終的に手数料を賄うことができないといったことで断念することがないよう、あらかじめ手数料を確認し、限度額を決めて伝えておきましょう。

Ⅲ．希望どおりの買い手が見つからない場合の対処策（心構え）

株式の全部譲渡または事業の全部譲渡の条件で譲り受けてくれる買い手が必ず見つかるとは限りません。そのような場合に備えて、あらかじめ、次のような心構えをしておくとよいでしょう。

■**事業の一部譲渡への切り替え**：オーナーは可能な限りの間、経営者として会社に留まり、残した（または残った）事業と役員・従業員の前途や、改めて後継者を社内・社外で探すかどうかなどについて考えていく。

■**廃業・清算への切り替え**：顧問税理士や取引金融機関に十分に相談して適正な資産評価を行ってもらい、資産価値が大きく目減りする前に対処する。

《事業承継対策の具体的活用例① （法人向けＡ）》

法人ケースＡ （親族への事業承継）

　後継者[親族（長男）]はいるが、事業承継にはまだ早く、**10年後に引き継ぎを行う計画**。次男はこの会社で働くことを望まず、継ぐ気はない。贈与を受ける予定の後継者には、**十分な自己資金（納税資金）がない**。

Ⅰ．講じる対策
- ■暦年課税制度を利用した贈与による自社株の引継ぎ策
- ■保険を利用した役員退職金の支給原資の確保策
- ■保険を利用した遺留分対冊
- ■役員退職金を利用した株価対策
- ■相続時精算課税制度を利用した贈与税の軽減策
- ■金庫株を利用した贈与税の納税資金の確保策

Ⅱ．事業承継までの主な流れ （参考例）

１ 長男を後継者と決めた段階で、取締役に就任させる

[後継者決定前の取締役]　　[後継者決定後の取締役]

２ 10年後の事業承継に向けた各種対策を実施する

①暦年課税制度[注]を利用した贈与による自社株の引継ぎ策

- ●オーナーが退任するまでの後継者育成期間の10年間は**暦年課税贈与の年間110万円の非課税枠**[注]を利用し、**オーナーが保有する自社株を長男へ少しずつ贈与していく**こととする。

自社株　贈与 [ある程度の年月をかけて少しずつ]

基礎控除額110万円相当の範囲内に収める必要があるということではなく、経営状況や、オーナーと後継者の議決権割合、後継者の納税資金の準備状況などを考慮に入れながら、各年において必要かつ適当な分の株式を贈与する。

【注】2023年度（令和5年度）税制改正により、暦年課税制度を利用して2024年1月1日以降に受けた贈与財産については、相続税の課税価格への加算期間が変わりました。贈与者が亡くなった際に、現行では相続開始前3年以内に受けた贈与財産の価額が相続財産の価額に加算されて相続税が計算されるところ、2027年以降の相続から段階的に7年以内に延長されます。詳しくは、pp.68,70［事業承継に係る基本税制のポイント（贈与税の計算方法／相続税の計算方法）］をご参照ください。

次ページに続きます。

②保険を利用した役員退職金の支給原資の確保策 ［基本対策例4（保険の活用）(p.26) 参照］

● 10年後にオーナーが退任した際の
役員退職金の支給を行うための
支給原資を確保する。

[保険契約の締結]

A社 →保険料→ 保険会社

[契約者・保険料負担者] 会社（法人）
[被保険者] オーナー
[保険金受取人] 会社（法人）

ここが勘どころ

◆将来的に役員退職金を支給することに備えて、法人で役員保険に加入する対応策がある。
役員保険の活用により、(1) 支払保険料の一部を損金算入することで、将来的な役員退職金という大きな損金を前取りして分割で損金算入する、(2) 役員退職金を支給する際に解約をして、役員退職金の支給原資とする（※）ことができる。
　※オーナーが退職前に突然亡くなった場合の死亡退職金の支給原資とすることもできる。
しかし、保険の解約時には解約返戻金の一部が収益（保険解約益）として計上されるため、役員退職金の支給と同時期に解約した場合、役員退職金という損金と解約返戻金による保険解約益が両建てで計上される。
通常、役員退職金という損金を計上することによって、役員退職金を支給した翌事業年度は、株価が下がる効果が期待できるが、役員保険を原資にして役員退職金を支給した場合、解約返戻金による保険解約益によって株価があまり下がらない場合があることも起こり得る。

③保険を利用した遺留分対策 ［基本対策例4（保険の活用）(p.26) 参照］

● 自社株を全て後継者である長男に引き継いだ
場合の、長男と次男の財産の偏りが気になる。
実際の相続の際に揉め事が起こらないよう、
計画的に増額した**オーナーの役員報酬や預貯金**
などの中から生命保険に加入して遺留分対策を行う。

オーナー
代表取締役

[保険契約の締結]

→保険料→ 保険会社

[契約者・保険料負担者] オーナー
[被保険者] オーナー
[保険金受取人] 後継者（推定相続人）

ここが勘どころ

◆将来の遺留分対策として生命保険に加入する場合、自社株を引き継がない後継者以外の相続人を保険金の受取人とするのがよいであろう（相続させる財産を保険金で増やしたいとの思いから）と思われることがあるが、これは本当の意味での遺留分対策にはならない。
生命保険金は相続財産ではないため、後継者以外の相続人は、生命保険金を受け取ったあと、さらに遺留分も請求できてしまうことになる。
そのような事態にならないようにするためにも、後継者を生命保険金の受取人とし、後継者から他の相続人に遺留分侵害額相当の金銭を支払うことがポイントとなる。

3 オーナーに役員退職金を支給する

役員退職金を利用した株価対策の実施 ［基本対策例1（役員退職金の活用）(p.20) 参照］
［基本対策例4（保険の活用）(p.26) 参照］

● **オーナーが退任し、役員退職金を支給する。**

【一般的な役員退職金の算定式】
最終報酬月額×役員在任年数×功績倍率（概ね3倍程度まで）

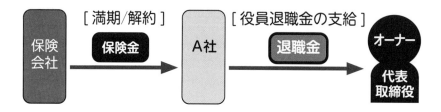

保険会社 → [満期／解約] 保険金 → A社 → [役員退職金の支給] 退職金 → オーナー 代表取締役

ここが勘どころ
◆役員退職金を算定する場合の**最終報酬月額**について、役員退職金の金額を引き上げようとして**退任直前に報酬月額を大幅に引き上げた場合、過大役員退職金として損金算入を否認されるリスクがある。**株価対策として高い効果を得るためには、**株式贈与を予定している事業年度の前事業年度中に役員退職金を支給する**ことが望ましいかたちになるが、それまでの間に**時間をかけて計画的に役員報酬を増額していく**ことがポイントとなる。

4 事業承継を実施する ［自社株式の贈与］

相続時精算課税制度[注] を利用した贈与税の軽減策　　　　［注］[pp.68,70 参照]

● 役員退職金を支給した年度の翌事業年度（株価が下がる事業年度）に、相続時精算課税制度を利用して、**まとまった株数を贈与**する。

【贈与税の計算方法（相続時精算課税制度）】 [p.68 参照]

［課税価格－基礎控除（年間110万円（※1））－特別控除（2,500万円（※2））］×税率20％＝贈与税額

オーナー
取締役

自社株　**事業承継**

贈与 ［事業承継に必要な分をまとめて］

後継者が準備できた納税資金の状況や他の株主が保有する議決権の割合などを考慮に入れて、
後継者が代表者として必要になる分の株式を贈与する。

後継者
代表取締役

※1：2024年1月1日以降に受けた贈与財産に適用
※2：前年までに特別控除額を使用した場合には、2,500万円から既に使用した額を控除した残額

ここが勘どころ
◆相続時精算課税制度を一度選択して自社株の贈与を受けると、それ以降は、**同じ贈与者から受ける贈与については、暦年課税制度に変更する（戻す）ことはできなくなる。**
ただし、相続時精算課税制度を適用している贈与者と受贈者間でのみ暦年課税贈与が利用できなくなるため、例えば後継者がオーナーから受ける贈与につきこの制度を選択したとしても、オーナーの配偶者から暦年課税贈与を受けることは可能である。
また、オーナーから後継者の子（孫）へ暦年課税贈与を行うことも可能である。

5 贈与税納税資金の不足分の工面と納税

金庫株を利用した贈与税の納税資金の確保策 ［基本対策例3（金庫株の活用）(p.24) 参照］

● 贈与税の納税資金が後継者の手元に十分にない場合は、**贈与を受けた自社株を会社に譲渡（会社が金庫株として買取り）して得た現金で納税**することもできる。

ここが勘どころ
◆相続時精算課税制度を利用したとしても、基礎控除（年間110万円（※））と特別控除（2,500万円）の合計額［一括贈与の場合、2,610万円］を超えた部分については税率20％の贈与税の納付が必要となる。
例えば、1億円分の自社株を相続時精算課税制度による贈与で受けた場合の贈与税は1,478万円となる。
［(1億円－基礎控除110万円（※）－特別控除2,500万円)×税率20％］ ※2024年1月1日以降に受けた贈与財産に適用
◆**贈与を受けた自社株を金庫株として会社に譲渡して納税資金を確保する（現金を得る）場合、これをオーナーの相続発生前に実行すると、配当による所得とみなされて、みなし配当課税が適用され、一般的な譲渡よりも税負担が大きくなる。**
ただし、相続した自社株を相続開始日の翌日から相続税の申告期限の翌日以後3年を経過する日までの間（相続発生後3年10カ月以内）に金庫株として譲渡（有償）すると、特例により、みなし配当課税よりも低い税率の株式譲渡益課税となって税負担を軽減させることができる。
そのため、万が一、オーナーが贈与を行う前に死亡し、相続で自社株を承継した際の相続税の納税資金が足りない場合には、金庫株が資金確保の手段として有効となる。

法人ケースB（社内の親族外役員・従業員への事業承継）

<u>親族内に後継者となる候補がいない</u>。会社は業績好調で内部留保も厚く、株価が高く推移している。

できれば経営を任せたいと思う特定の役員がいるが、その役員をはじめとする<u>社内の優秀な役員や従業員の中で、全株式を単独でまとめて購入できる者はいない</u>。事業承継は<u>10年程度のうちに段階的に実現</u>したい。

Ⅰ．講じる対策

承継パターン①	■役員に対する役員報酬の増額支給による株式購入資金確保策
	■役員持株会・従業員持株会を利用した株式承継策
	■役員退職金を利用したオーナーへの創業者利益還元

承継パターン②	■役員退職金を利用した株価対策
	■役員に対する役員報酬の増額支給による株価上昇抑制策
	■ＭＢＯを利用した株式承継策

Ⅱ．承継パターン① 持株会による事業承継までの主な流れ（参考例）

1 役員持株会と従業員持株会への株式譲渡による事業承継に向けた対策を実施する

役員に対する役員報酬の増額支給による株式購入資金確保策

● 数年以内の役員持株会と従業員持株会の組成計画を前提に、オーナーを含む<u>全ての役員に対する役員報酬の増額支給</u>を開始する。

これにより、役員持株会を組成する際の役員の株式購入資金の確保を図る。

◆オーナーの役員報酬の増額は、**3**でオーナーに支給する役員退職金の準備のためのもの。

オーナー以外の役員に対する役員報酬の増額は、**2**と**3**における株式購入資金の確保のためのもの。

オーナーの役員報酬については、将来の役員退職金の否認リスクを減少させるために、<u>なるべく時間をかけて計画的に増額</u>していく。

2 役員持株会と従業員持株会を組成する

役員持株会・従業員持株会を利用した株式承継策 ［基本対策例2（持株会の活用）(p.22) 参照］

● 取締役メンバーで役員持株会を組成し、従業員のうち<u>幹部メンバーで従業員持株会を組成</u>。

各役員、従業員はそれぞれの<u>持株会に株式購入資金を振り込む</u>。

オーナーは、<u>各持株会に対して、自社株式の一部を配当還元価額</u> (p.88 参照) で譲渡する。

≪本件対策（第1次株式譲渡）前後の資本構成（例）≫

　［対策前］オーナー 100％

　［対策後］オーナー 55％　　　役員持株会 25％　　　従業員持株会 20％

◆役員持株会や従業員持株会は、通常、少数株主に該当するため、役員及び従業員は、他の評価方式による評価に比べて一般的に低い価額となる配当還元価額で株式を取得することができる。

3 事業承継を実施する ［持株会への自社株式の追加譲渡］

● オーナーに役員退職金を支給したあと、役員持株会と従業員持株会に自社株式を<u>追加</u>で譲渡し、<u>役員持株会が筆頭株主になる</u>。

その後オーナーは、完全に引退するまでの間に、保有する残りの株式を役員持株会等に譲渡する。

≪本件対策（第2次株式譲渡）前後の資本構成（例）≫

　［対策前］オーナー 55％　　　役員持株会 25％　　　従業員持株会 20％

　［対策後］オーナー 10％　　　役員持株会 55％　　　従業員持株会 35％

◆一般的に低い価額となる配当還元価額で株式を譲渡できるのは、少数株主に対してであり、個々の持株比率等によって配当還元価額での売却ができない場合があるため、持株会の各メンバーの持株比率には留意する必要がある。

対策の具体的活用例②（法人向けB）

Ⅲ．承継パターン② MBO による事業承継までの主な流れ（参考例）

1 役員が出資する新会社への株式譲渡による事業承継に向けた対策を実施する

役員に対する役員報酬の増額支給による株価上昇抑制策

● 数年以内に、後継者として有望な役員（以下「リーダー役員」という。）を中心に新会社を設立して株式譲渡を行う計画を前提に、オーナーを含む全ての役員に対する役員報酬の増額支給を開始する。役員報酬を増額し、会社の利益を抑制することで株価の上昇も抑制することができる。

◆不相当に高額な役員報酬を支給したと判断された場合には、不相当に高額な部分の金額を法人税の計算上、損金に算入することができず、株価上昇抑制策としての効果が生じない。

2 役員が出資して新会社を設立する

● リーダー役員を中心に、複数の現役員が株主となり、新会社（Y社）を設立する。
● 出資した役員が引退するときのことを考え、新会社の株式は、リーダー役員の株式を含めて全て取得条項付株式（例えば「役員がY社を退社した場合は、Y社がその役員の保有する株式を取得する権利を有する」という内容の種類株式）とする。［基本対策例5（種類株式の活用）(p.29) 参照］

3 オーナーに役員退職金を支給する

役員退職金を利用した株価対策の実施 ［基本対策例1（役員退職金の活用）(p.20) 参照］

● オーナーが役員を退任し、役員退職金を支給する（支給原資は内部留保）。

【一般的な役員退職金の算定式】
最終報酬月額×役員在任年数×功績倍率（概ね3倍程度まで）

◆役員退職金を算定する場合の最終報酬月額について、役員退職金の金額を引き上げようとして退任直前に報酬月額を大幅に引き上げた場合、過大役員退職金として損金算入を否認されるリスクがある。そのため、オーナーの役員報酬については、将来の役員退職金の否認リスクを減少させるために、なるべく時間をかけて計画的に増額していく。

4 事業承継を実施する ［ＭＢＯ（役員出資の新会社への自社株式の譲渡）］

ＭＢＯを利用した株式承継策 ［基本対策例9（MBOの活用）(p.38) 参照］

● 新会社は、オーナーに役員退職金が支給されて株価が下がることとなる退職金支給年度の翌事業年度において、オーナーからX社の株式を買い取る。株式購入資金は金融機関等からの借入れで調達する。

≪本件対策前後の資本構成（例）≫
[対策前] オーナー：X社株式100%　　新会社Y社の役員：Y社株式100%
[対策後] Y社　　：X社株式100%　　新会社Y社の役員：Y社株式100%

◆Y社が事業会社X社を100%子会社化することで、Y社が事業会社X社から受ける配当金には法人税等が課税されないこととなる。
そのため、事業会社X社の事業収益から生み出された利益を税負担なく配当金として分配することができ、金融機関からの借入金の返済原資として利用することが可能となる。
また、Y社がX社株式を買い取ることによって、リーダー役員ら個人への資金負担がほとんどかからないかたちで事業承継を完結することができる。

個人事業主ケースＡ（親族への事業承継）

雇用している**身内（法定相続人）が後継者として受け継ぐ予定**であるが、事業承継するにはまだ早く、その時期は決めていない。現状では、贈与を受ける予定の後継者に**十分な納税資金がない**。

Ⅰ．講じる対策

■**暦年課税制度**[注] を利用した贈与税の納税資金の確保策

将来の事業承継に伴い発生する贈与税の納税を賄えるための十分な自己資金がない後継者に対して、事業承継時（事業用資産の贈与）の備えとして、あらかじめ、現経営者が適当な額の預金を後継者に贈与し、後継者の貯蓄（納税資金）を増やすための支援を行う。[【注】pp.42-43,68 参照]

Ⅱ．事業承継までの主な流れ（参考例）

1 将来事業を受け継ぐ気持ちがある子（後継者）への贈与に伴う課題を確認

- 現在の事業用資産の評価額を確認する。
  事業承継に必要な資金の算定を行う（事業用資産の贈与によって生じる贈与税を試算する）。
- 試算した贈与税と後継者の収入や預金残高とを照らし合わせて、現状の不足分を確認する。

2 事業承継時の納税資金確保に向けた計画の策定

- 事業承継時の贈与税と納税資金の課題を後継者と確認する。
- 後継者自身による貯蓄の可能性を確認する。
- 経営者の事業所得から考えられる贈与可能額を確認する。

 ◆贈与する金額の合計額と年額を約束して贈与すると、将来、一括でまとめて贈与されたものと捉えられ、高額の贈与税の納税義務が生じる可能性がある（p.42 参照）。

3 後継者の納税資金確保に向けた預金の贈与の実行（後継者は自助努力による貯蓄の実行）

- 事業承継のタイミングまでの残りの期間を勘案し、年ごとに、経営者と後継者の状況を確認しながら計画を立てて預金の贈与を行っていく。

 ◆贈与できる現金が少ない場合には、実際に事業承継を行うときよりも前から、機械・器具備品等の事業用資産を年額 110 万円相当分以内で贈与していく方法もある。将来の事業承継時に贈与する事業用資産を減らすことができるため、節税対策として有効。

- 暦年（1月1日～12月31日）単位で考えて贈与する。
- 各年の経営者と後継者それぞれの資金・所得状況等を確認しながら、必要に応じて贈与する。
- 贈与の金額に応じて発生する贈与税を試算・考慮して贈与する。
- 事業承継を行う**前年**までに贈与を済ませる。

ここが勘どころ ◆後継者が事業用資産の贈与を受けて事業を承継する年に、併せて納税資金用の預金を贈与すると、贈与税の納税額がその分増えてマイナス効果をもたらす。

4 事業承継時の事業用資産の贈与

- 経営者の廃業のタイミングで後継者への贈与を行う。

ここが勘どころ ◆贈与する事業用資産が高額である場合は、後継者は、前年までに贈与を受けて蓄えた金銭では、贈与税の納税を賄えなくなる可能性がある。
不足がある場合には金融機関からの借入れなどをあらかじめ検討しておく必要が生じる。
後継者が事業の共同経営者として小規模企業共済（※）に加入している場合は、これまでの掛金の範囲内（掛金納付月数により掛金の7～9割）で、事業用資産の取得に要する資金の貸付制度を利用することができる。
※小規模の会社経営者や役員、個人事業主とその共同経営者等が加入でき、退職時等に共済金を受け取ることができる国の共済制度。

◆経営者が事業用宅地を所有し、後継者が経営者と生計を一にする親族である場合は、事業用宅地等は贈与せずに、使用貸借にて無償で貸付けを行うこととし、事業用宅地については贈与税が発生しないかたちにすることで、後継者の負担を軽減させることができる。
※開業後、先代経営者の死亡時には、特定事業用宅地等に係る小規模宅地等の特例（p.43 参照）の適用を受けることで、事業用宅地（上限面積 400㎡まで）の相続税評価額を80％減額することができ、相続税の納税負担を大きく軽減できることになる。

5 経営者による廃業（手続き等については p.7 をご参照ください。）

6 後継者による開業（手続き等については p.7 をご参照ください。）

個人事業主ケースB（法人成り／親族外の従業員への事業承継）

<u>身内（法定相続人）に後継者はいない</u>が、優秀でやる気のある<u>従業員に譲渡したい</u>。
しかし、その従業員（後継者候補。以下本ケースで「後継者」という。）には、<u>事業用資産を買い取るだけの十分な自己資金がない</u>。

Ⅰ．講じる対策

■法人成りによる事業承継時の譲渡価格の低減策

親族でない後継者に事業用資産を買い取るための資金がない場合には、事業用資産を低額で譲渡する、金融機関から借入れをしてもらう、あるいは個人版事業承継税制（贈与税の納税猶予）を利用するなどの方法がある。だが、低額譲渡による贈与税追加納税の可能性や、負債を抱えることなどについて、経営者と後継者の双方にリスクと不安が残る可能性が高い。それを払拭するさらなる対策を個人事業のまま講じることは難しい。

そこで、個人事業を法人化（法人成り）して株式会社とし、事業用資産が株式になることで、その後の対策をしやすくし、様々なかたち・方法で事業を後継者に引き継ぐことができる。

> **《法人化する主なメリット》**
> ◆法人税の税率は **23.2%**（課税所得800万円以下は **15%**）
> ［個人事業主の所得税の税率は最高 **45%**］
> ◆欠損金の繰越控除期間が **10年**
> ［個人事業主は **3年**］
> ◆支給される給与につき、給与所得控除が適用される
> ◆設立1期目、2期目の消費税が免税となる場合がある
>
> **《法人化する主なデメリット》**
> ◆資本金、登録免許税等、設立に伴う費用がかかる
> ◆社員1名でも社会保険への加入が必要
> ［個人事業主の場合は常時雇用の従業員が4人以下であれば任意加入］
> ◆赤字でも法人住民税の支払いが発生する
> ［個人事業主の場合は赤字であれば住民税は発生しない］

Ⅱ．事業承継までの主な流れ（参考例）

1 個人事業を廃止し、株式会社（以下本ケースで「会社」という。）を設立［法人成り］

● 経営者と後継者のいずれか又は双方が、手元資金による金銭出資をして設立する。

> ◆事業用資産の現物出資により設立すると、経営者個人に譲渡所得税が課税される。

2 事業用資産の会社への移転

● 土地以外の事業用資産（建物や機械・器具備品等）は、経営者個人と会社との売買契約で移転する。
　土地は経営者個人が所有して、会社に有償または無償にて貸付けを行う。

> ◆<u>個人が会社に土地を貸付ける場合に会社が権利金を支払わないと、借地権相当額を受贈したとみなされて、それに対する法人税が課税される（受贈益課税）。</u>
> <u>ただし、将来その土地を個人に無償で返還する意思を示す「土地の無償返還に関する届出書」を会社が税務署に提出する</u>、あるいは相当の地代（※）を支払うことでこれを回避することができる。
> なお、相当の地代は概ね3年ごとに見直す必要があり、実際に収受している地代が相当の地代より少ないときは、その差額を会社に贈与したものとして取り扱われる（受贈益課税）。
> 　※その土地の更地価額の**6%**。更地価額は課税上弊害がない場合には、その土地の相続税評価額の3年間平均などを使用することができる
> ◆将来、会社に十分な資金ができた場合は、土地を会社に譲渡（有償）することもできる。その前に経営者が死亡した場合は、経営者の相続人から会社が買い取る。

3 株価対策の実施と株式の譲渡

● 事業承継のタイミングを見計らい、株価対策を講じて、株価が下がったところで株式を譲渡する。

> ◆事業承継対策として法人成りすることの最大のメリットは、大きな利益や多額の事業用資産のある個人事業の価値が、後継者が承継しやすい株式としての価値になるため、様々な対策を取りやすくなることである。
> ただし、もともと個人事業であったときから利益が小さく、法人成りして何年かが経過したあとも、純資産と利益が小さく株式評価額が十分に低い状況が見込まれるのであれば、事業承継時の資金負担低減の面で効果は期待できない。

● 株式の譲渡は、後継者が購入可能な範囲で行い、残った株式は適当な年月をかけて譲渡していく。

> ◆代表権を後継者に移したあとでも、先代経営者は役員として残り報酬を得ることも可能。
> ◆後継者の経営能力等に不安があれば、黄金株を発行・保有することで経営権を維持することも可能（p.28参照）。
> ◆先代経営者が存命中に譲渡しきれず、相続人に相続された株式は、会社が金庫株（p.24参照）として買い取る方法がある。

個人事業主ケースC（不動産業を営む地主から親族への事業承継）

不動産業を営む地主の身内（法定相続人）には後継者がいるが、<u>後継者には十分な自己資金（購入資金、納税資金）がなく、賃貸用不動産を買い取ることも、贈与を受けて取得することもできない。</u>

Ⅰ．講じる対策

■不動産管理会社（株式会社）の設立による不動産譲渡

設立する不動産管理会社の事業性が高いと金融機関等から評価されれば、賃貸用不動産の購入資金を調達しやすくなる。全ての賃貸用不動産を不動産管理会社（資産管理会社）に譲渡することによって、後継者個人が個々の賃貸用不動産を取得することなく、事業を承継することができる。

Ⅱ．事業承継までの主な流れ（参考例）

1 不動産管理会社を設立

● 後継者と地主の出資により、株式会社の形態で設立する。
不動産業での経験がない後継者に経営権を移譲するまでは、後継者の誤った経営判断を拒否できるようにしておくため、会社設立時には、地主も少額出資し、そのうち、1株を黄金株（p.28 参照）とする。当初の代表取締役は地主にしておく。［後継者：株主・取締役 ／ 地主：株主・代表取締役］

● 不動産管理会社とは、地主が所有していた賃貸不動産を購入・所有し、その賃貸不動産の管理や保有を主な事業とする会社。

2 不動産管理会社が金融機関等から不動産購入資金を調達

● 賃貸用不動産の時価相当額を借り入れる。

◆不動産購入資金の借入れを行う場合、賃貸料収入から固定資産税等のランニングコスト、大規模修繕の積立金等を差し引いたフリーキャッシュフローについて事前にシミュレーションを実施し、合理的な返済計画を策定することがポイントになる。
空室の多い物件については、併せて、空室率の改善計画など、信頼性を高める計画を策定することが肝要。

◆借入れの実現性をより高めるためには、不動産管理会社を設立する前から金融機関へ相談しておくことが肝要。

3 地主から不動産管理会社へ賃貸用不動産（建物）を有償譲渡

● 譲渡するのは建物のみ。

◆地主は、不動産を「時価」で譲渡しなければならない。
ここでいう「時価」とは、不動産鑑定士による鑑定評価額、取引事例価格による評価、基準地価・公示地価に基づき補正した価格などがある。地主と不動産管理会社との取引は同族間取引となるため、取引価格については、専門家の意見を踏まえ、慎重に決定する必要がある。

◆不動産管理会社は、不動産の所有権の移転に伴い、不動産取得税・登録免許税等を負担する必要が生じる。不動産取得税・登録免許税等は不動産の価値が高いと高額になり思わぬ負担となるため、あらかじめ概算納税額を試算しておくことが望ましい。

● 土地については地主から会社へ貸付けを行う。
不動産管理会社は、地主に地代を支払う。

◆会社は「土地の無償返還に関する届出書」を税務署に忘れずに提出する必要がある。
［具体的活用例④（個人事業者向け B）参照］

4 代表者の変更、事業承継の実現

● 事業承継のタイミングを見計らい、出資者（株主）である後継者を代表取締役にする。

● 黄金株に取得条項をつけておく（例：代表取締役を外れた際は旧額面金額等で会社が株式を買い取る）ことで、経営権も後継者に移譲できる。

[事業承継トピック]

■事業承継税制(納税猶予制度の特例)の特例承継計画提出期限の延長と利用状況

▶ 特例承継計画の提出期限は2年延長 令和8年(2026年)3月末まで

財務省発行の「令和6年度税制改正（令和6年3月）」によると、法人版事業承継税制の特例承継計画の提出期限が2年延長されるのは（個人版の個人事業承継計画も同様に延長）、「コロナの影響が長期化したことを踏まえ」となっています。コロナの影響で事業承継（の準備）の着手が予定よりも遅れている経営者・後継者は多いのでしょう。

この事業承継税制（贈与税・相続税の納税猶予制度の特例措置）が開始された2018年（平成30年）4月からこれまでの間に、事業承継（の着手）全体に占める事業承継税制利用の割合がどの程度であったかは定かではありません。そして、延長された2026年（令和8年）3月までの残りおよそ2年間でどの程度の申請が行われるかも分かりませんが、この制度の利用なしには事業承継の実現が困難となる経営者・後継者がわずかでもいるのであれば、地域社会で残していきたい事業と雇用を少しでも守るためにも、この制度の存在と2年延長する価値は大いにあるのではないかと思われます。

▶ これまでの利用状況はどうだったのか

経済産業省の「令和6年度税制改正要望書」（2023年8月31日公表）によると、事業承継税制の特例承継計画の申請件数（法人版のみ公表）は、この事業承継税制が開始された2018年度（平成30年度）は2,940件で、2019年度（令和元年度）は3,452件まで増えました。しかし、2020年度（令和2年度）は2,808件、2021年度（令和3年度）は2,659件、2022年度（令和4年度）は2,681件と、3,000件を下回りました。

申請件数が伸びなかった原因としては、コロナ禍の影響も大きかったように思われますが、コロナ禍前の2019年（令和元年）10月から対前年（対2018年）同月の申請件数が減っていたことから、別の原因もあったのかもしれません。

	2018年	2019年
10月	366件	322件
11月	362件	313件
12月	521件	415件

［中小企業の経営資源集約化等に関する検討会（第1回）（令和2年11月11日）配付資料3「事務局説明資料」／中小企業庁］

帝国データバンクの「全国『後継者不在率』動向調査（2023年）」（2023年11月21日）によると、下表のとおり、同族承継（親族内承継）の割合が下がり、M&Aや内部昇格などの親族外による承継の割合が増えています。納税猶予制度の適用要件では、後継者が親族であることを要しませんが、後継者である受贈者や相続人が親族以外の者になることに抵抗を感じる経営者は少なくないと思われ、そのことも原因の一つとなった可能性は否定できません。

	2022年（実績値）	2023年（速報値）
同族承継	37.6%	33.1%
M&Aほか	18.6%	20.3%
内部昇格	33.3%	35.5%

2021年版中小企業白書によると、東京商工リサーチの「企業情報ファイル」を基に集計された経営者交代数が年間3万6千件前後で推移していることから、毎年その程度の数の事業承継が行われている可能性があると推測されます。もしそうであれば、2022年度の特例承継計画（個人事業者を含まない）の申請件数2,681件が事業承継の数に占める割合は約7％ということになります。

また、2022年度の事業承継・引継ぎ支援センターへの事業承継に関する相談者の数22,361者［中小企業基盤整備機構「News Release」（令和5年5月30日）］のうち、仮に8割（約17,890人）が2022年度に事業承継（の準備）に着手したとするならば、それに占める特例承継計画（個人事業者を含まない）の申請件数2,681件の割合はおよそ15％です。ただ、センターには相談せず、顧問税理士や弁護士、金融機関、M&A支援会社等に相談する経営者も多いことが考えられるため、実際に事業承継に着手する経営者の数はもっと多く、それに占める事業承継税制の利用割合は、7％程度まで下がるということなのかもしれません。

ちなみに、特例承継計画の申請・認定件数に関する情報をホームページで公表している東京都と新潟県での、2022年度の実数は次のとおりです。

	東京都	新潟県
特例承継計画の確認（申請）件数	385件	59件
贈与税の認定	170件	25件
相続税の認定	64件	7件

［東京都：「事業承継税制の認定」／東京都産業労働局］
［新潟県：「事業承継税制について」／新潟県］

それぞれの申請件数が2022年度の全体2,681件に占める割合は、東京都が14.4%、新潟県が2.2%です。これは、2021年6月時点の全国の中小企業数3,364,891（民営、非一次産業）に占める東京都と新潟県の中小企業数の割合［東京都419,013（11.9%）／新潟県67,093（2.0%）］とおおよそ同程度の（あまり大きな差のない）値となっています（差：東京都2.5ポイント／新潟県0.2ポイント）。

［中小企業の企業数事業所数「都道府県大都市別企業数、常用雇用者数、従業者総数」（2021年6月時点）（令和5年12月13日公表）／中小企業庁］

《事業承継の失敗事例に学ぶ①》

オーナー（先代経営者）による伴走期間の欠落

事業は承継されたものの、その後数年で経営難に陥ったケース

代表取締役社長であるオーナー（先代経営者）は、自身の体力の衰えにより、事業承継が急務であることを感じ、信頼する副社長に引き継いでもらうことを決断した。

副社長を後継者とする事業承継計画が金融機関に認められ、副社長は株式の買取りに十分な資金の融資（事業承継特化型）を受けることができたので、オーナーは副社長に全株式を一挙に譲渡し、経営権と代表権を移譲して完全に退いた。

新オーナー・代表取締役社長となった後継者のもと、地元の競合他社が勢いを増していく中で、会社の業績は少しずつ傾き、経営難に陥っていった。

■**考えられる失敗要因** −経営のこだわりや考え方まで承継されていたか−

後継者は、経営上のものごとの考え方の軸がしっかり定まっていなかったことなどから、大事な決断が求められた際の判断力やリーダーシップを十分に発揮できなかったのかもしれません。

それは、先代経営者が長い経験の中で身に付けてきた、新商品の開発・販売方法などにおけるこだわりや、それに伴う資金の使い方、社内人材の活かし方、経営上極めて重要な判断基準となる考え方などが、後継者には十分に伝わっていなかったからであるとも考えられます。

後継者に代替わりすることで、新たな経営手法が取られ、事業がさらに発展する場合もあるでしょう。しかし、先代経営者のこだわりや考え方などが、これまで経営を継続できた主たる要因であったならば、それらをしっかり受け継げなかったことで経営が傾いた可能性があります。

■**主な失敗回避策** −十分な伴走期間の確保と継続的アドバイスの提供−

先代経営者は、後継者の能力を高く評価して任せるにしても、一挙に経営権と代表権を移譲して完全に退くのではなく、例えば、51％の株式（経営権）を保持しながら会長職に就くなどして、少なくとも数年間は後継者を見守ることで、この失敗を回避できた可能性はあります。

後継者に伴走して見守る中で、先代経営者は、後継者が決断を誤る前にアドバイスをしたり、足りない点を指摘したりして、伝えきれていなかった当該企業経営者としての心得（こだわりや考え方など）を余すところなく伝えていくことができます。それを全て終えたところで経営権を移譲するかたちを取ることが、事業承継を成功に導く効果的な方法だったといえるでしょう。

実際に、先代が代表権の移譲後も何年も残るケースは多く見受けられます。M&Aの場合でも、譲渡側企業の経営者がしばらく顧問等として残る（拘束される）ことは少なくありません。

経営権も代表権も保持しないかたちでしばらく残る場合でも、後継者が様々な困難な問題にぶつかった際に支えることができ、経営難に陥るリスクなどを回避するには有効です。

あるいは、代表権だけを移譲して、経営権（株式の過半数）は完全に退くまで保持していれば、たとえ後継者が代表の座を降りる事態となっても、先代経営者は再度代表者に戻ってやり直すこともできます。

また、あらかじめ黄金株(pp.19,28,29参照)を発行して先代経営者が保有しておけば、万が一、後継者が誤った判断をしようとした場合に、その判断を拒否することもできます。

いずれにしても、基本的には、代表権の移譲後、後継者による経営に問題や心配がないことを見届けてから承継を完結させて完全引退するのが望ましいかたちであるように思われます。ただ、どの程度の伴走期間を確保すべきかをあらかじめ検討して計画を練らなければ、パスのタイミングが遅れ、老衰で伴走者としての役割を十分に果たせなくなることも起こり得ます。

◆**十分な伴走期間をしっかり確保する**ためにも、事業承継を進める決断や、計画の策定、必要となる諸々の準備に、元気なうちに早めに取り掛かることが極めて肝要です。

《事業承継の失敗事例に学ぶ②》

後継者への株式集中が必須条件であるとの思い込み

後継者に継ぐ気はあったが、諦めて方針転換せざるを得なくなったケース

株式は後継者に集中させるのが肝要であるとの思いから、オーナーは、後継予定者である長男に全ての株式を贈与しなくてはならないと考えた（まずは3分の2の株式を一括贈与／残りは数年かけて贈与）。しかし、長男は、納税資金を賄うために金融機関から多額の借入れを行うことにも、納税猶予制度を活用することにも慎重な態度を示し、債務履行不能や猶予取消しに陥るリスクを回避する観点から、どちらの手段も採用できないとの判断をして継ぐことを諦めた。そして、父子が描いていた事業承継を実現することはできなくなった。

それにより、オーナーは、M&Aで第三者に全株式を譲渡するかたちに方針転換することにしたが、数年経っても望ましい譲渡先が見つからない。

■**考えられる失敗要因** －必ずしも正しくない思い込みをしていないか－

「事業を受け継ぎ、代表者になる時点で、後継者は少なくとも過半数以上の株式を取得しておかなくてはならない」などの強い思い込みにより、柔軟に、臨機応変に対応することができなくなってしまったことが考えられます。

■**主な失敗回避策** －後継者以外への贈与・譲渡 ／ 相続・金庫株 ／ 長期的贈与－

大半の株式を後継者に集中させることは原則であり理想ですが、何が何でも、そして一挙に、そうすることが必須条件ではありません。後継者による経営に支障を来さないかたちを実現できるのであれば、後継者が代表者就任当初に保有する株式の割合を低く抑えることも、長期計画で保有割合を高めていくことも、当事者にとっては、事業承継のベストシナリオとなり得ます。

後継者の納税負担の軽減を図りながら事業承継を実現させるために、後継者には、ひとまず納税可能な範囲での贈与または購入可能な範囲での譲渡をし、例えば、10年程度の長期計画で最低51%を取得させるようにすることも可能です。

残りの株式は、譲渡制限付きの配当優先無議決権株式等の種類株式（※）に変更して、会社経営に携わらない後継者以外の親族（配偶者、後継者以外の子、孫、兄弟姉妹など）に贈与する、といったことも一つの手段となります。その譲渡制限株式の贈与を受けた後継者以外の親族が死亡した際には、その相続人に対して、当該株式を会社に売り渡すよう請求できる旨を定款に定めておきます。そうすることで、将来、それらの株式を会社が相続人から金庫株（※）として買い取ることができ、株式の分散を防ぐことができます。

また、もし株式を保有してもらう（株主になってもらう）のにふさわしい協力会社や知人が存在するのであれば、それら第三者に株式の一部を譲渡することを検討してみてもよいのではないでしょうか。

そのほか、後継者に贈与・譲渡したあと、残りの株式をオーナー自身で保有し続ける方法もあります。将来それを相続した後継者が、納税資金に必要な分だけ、会社に金庫株（※）で譲渡すれば、相続税を賄うことができます。

※種類株式については pp.19,28,29、金庫株については pp.24,25 をご参照ください。

◆事業承継を実現させるうえで、後継者の資金負担が大きな障害となっている場合には、後継者にどの程度の株式等をいつまでに保有させるかといった承継方法について、思い込みにとらわれず、柔軟に、臨機応変に対応することも必要です。

◆そして、承継時期間近の切羽詰まった段階で一挙に株式等を贈与・譲渡するのではなく、将来の後継者を決めた段階で、年間110万円の非課税枠を活用しながら、でき得る限りの年月をかけて贈与していくことが効果的です。

事業承継に係る基本税制のポイント

1 贈与税の計算方法

右以外の場合

相続時精算課税を選択できる条件 [対象者]（年齢は贈与の年の1月1日現在のもの）
- ◆ 贈与者→60歳以上の父母または祖父母 [相続時精算課税で贈与した人を**特定贈与者**という]
- ◆ 受贈者→**18歳**（※）以上の者のうち、贈与者の直系卑属（子や孫など）である**推定相続人または孫**
  - ※ 2022年4月1日以降（2022年3月31日以前は20歳）
  - （注）事業承継税制の特例措置または個人版事業承継税制の適用を受ける場合は、受贈者（後継者）は贈与者の推定相続人以外の者でも適用の対象となる。

相続時精算課税制度を
（※納税猶予制度との併用可能）

多額の財産贈与による贈与時点での納税負担の軽減を図る場合に有効

選択しない → **①暦年課税**

選択する → **②相続時精算課税**

- ● **基礎控除額を超える贈与**を受けた年の翌年2月1日から3月15日の間に一定の書類を添付した贈与税の**申告書を提出**する必要がある。
- ■ **相続時精算課税制度を選択すると**、その選択に係る特定贈与者（例：父）から贈与を受ける財産については、その選択をした年分以降全てこの制度が適用され、**「暦年課税」へ変更することはできない。**[ただし、別の贈与者（例：母）から受ける贈与については暦年課税制度を選択することができる。また、2024年1月1日以降は相続時精算課税制度でも年間110万円の非課税枠が利用できる（暦年課税制度の基礎控除とは別途措置であるため、例えば、母から暦年課税贈与と父からの相続時精算課税贈与それぞれで基礎控除を受けることができる）。]
- ● **相続財産と合算する贈与財産の価額は、贈与時の価額とされる。**

基礎控除後の課税価格（A）

課税価格 − 基礎控除 [年間110万円]

贈与税額

税率（※Ⅰ）と控除額（※Ⅱ）は下記「速算表」をご参照ください。

(A)×税率（※Ⅰ）− 控除額（※Ⅱ）

基礎控除（※②）＆特別控除後の課税価格（A）

2023年度税制改正

課税価格 − 基礎控除 [年間110万円（※②）]
　　　　− 特別控除 [2,500万円（※③）]

- ※②：2024年1月1日以降に受けた贈与財産に適用
- ※③：前年までに特別控除額を使用した場合には、2,500万円から既に使用した額を控除した残額

贈与税額

(A)×税率（20%）

暦年課税の場合、**贈与者が亡くなった時の相続税の計算では、原則として、相続財産の価額に贈与財産の価額は加算されない。** ただし、相続または遺贈により財産を取得した者が、**相続開始前3年（※❶）以内に受けた贈与財産の価額（贈与時の価額）は加算される。**

※❶：現行の3年から7年に段階的に延長される。
- 2027年の相続：最長4年（3年超）
- 2028年：最長5年 / 2029年：最長6年
- 2030年：最長7年 / 2031年以降の相続：7年
- [延長対象：2024年1月1日以降に受けた贈与財産]

2023年度税制改正

《控除》
- ■加算期間が※❶の3年超〜7年の場合は、この期間の**贈与総額から100万円を控除した額が加算される。**
- ●既に支払った贈与税相当額は相続税額から控除される。[控除しきれない金額（過払い分）は**還付されない**]

相続税

相続時に精算

相続時精算課税の場合、**贈与者が亡くなった時の相続税額は、相続財産の価額に相続時精算課税を適用した贈与財産の価額（贈与時の価額）を加算して算出される。**

《控除》 ■：2024年1月1日以降に受けた贈与財産に適用
- ■相続税の課税価格に加算する財産価額は、**贈与額から基礎控除（年間110万円）を控除した残額。**
- ■特定贈与者から受贈した一定の**土地・建物**が、相続税の申告書の提出期限までに、**災害による一定の被害を受けた場合**は、贈与時の価額から災害により被害を受けた部分に相当する額を控除した残額を加算。
- ●既に支払った贈与税相当額は相続税額から控除される。[控除しきれない金額（過払い分）は**還付される**]

2023年度税制改正

【暦年課税における贈与税の速算表】

【特例贈与財産用】
直系尊属（祖父母や父母など）から、その年の1月1日において18歳以上の直系卑属（子・孫など）への贈与税の計算に使用

基礎控除後の課税価格	税率（※Ⅰ）	控除額（※Ⅱ）
200万円以下	10%	—
400万円以下	15%	10万円
600万円以下	20%	30万円
1,000万円以下	30%	90万円
1,500万円以下	40%	190万円
3,000万円以下	45%	265万円
4,500万円以下	50%	415万円
4,500万円超 〜	55%	640万円

【一般贈与財産用】
「特例贈与財産用」に該当しない場合の贈与税の計算に使用

基礎控除後の課税価格	税率（※Ⅰ）	控除額（※Ⅱ）
200万円以下	10%	—
300万円以下	15%	10万円
400万円以下	20%	25万円
600万円以下	30%	65万円
1,000万円以下	40%	125万円
1,500万円以下	45%	175万円
3,000万円以下	50%	250万円
3,000万円超 〜	55%	400万円

2023年度（令和5年度）税制改正では、資産移転の時期の選択により中立的な税制を構築し、贈与税と相続税をより一体的に捉えて課税する観点から、暦年課税制度と相続時精算課税制度が改正されました。

≪贈与税の計算例 [ケースA（暦年課税のみ）とケースB（暦年課税＋相続時精算課税）の比較] ≫

【本計算例における前提】
● 贈与の内容：自社株式及び現金 [事業承継時までに、評価額1億円の自社株式の70%（7,000万円相当額）と納税資金への充当用の現金1,000万円の計8,000万円（相当額）を贈与。]
● 贈与者：経営者 [後継者への贈与を66歳から開始し、70歳で後継者に事業を引き継ぐ。]
● 受贈者：後継者 [経営者の長男。36歳から受贈し、40歳で事業を受け継ぐ。]

ケースA ［暦年課税のみ］

1年目 [例：2021年] [経営者66歳、後継者36歳]
《贈与》100万円（相当額）[①株式100万円（評価額）＋②現金0円]
《課税》非課税 [納税額0万円]

2年目 [例：2022年] [経営者67歳、後継者37歳]
《贈与》200万円（相当額）[①株式100万円（評価額）＋②現金100万円]
《贈与の累計額》300万円 [①株式200万円＋②現金100万円]
《課税》贈与税9万円 [(200万円－基礎控除110万円)×税率10%（※I）] **《納税累計額》9万円**

3年目 [例：2023年] [経営者68歳、後継者38歳]
《贈与》1,100万円（相当額）[①株式800万円（評価額）＋②現金300万円]
《贈与の累計額》1,400万円 [①株式1,000万円＋②現金400万円]
《課税》贈与税207万円 [(1,100万円－基礎控除110万円)×30%（※I）－90万円] **《納税累計額》216万円**

4年目 [例：2024年] [経営者69歳、後継者39歳]
《贈与》2,600万円（相当額）[①株式2,000万円（評価額）＋②現金600万円]
《贈与の累計額》4,000万円 [①株式3,000万円＋②現金1,000万円]
《課税》贈与税855.5万円 [(2,600万円－基礎控除110万円)×45%（※I）－265万円（※II）] **《納税累計額》1,071.5万円**

5年目 [例：2025年] [経営者70歳、後継者40歳]【事業承継を行う年】
《贈与》4,000万円（相当額）[①株式4,000万円（評価額）＋②現金0円]
《贈与の累計額》8,000万円 [①株式7,000万円＋②現金1,000万円]
《課税》贈与税1,530万円 [(4,000万円－基礎控除110万円)×50%（※I）－415万円（※II）] **《納税累計額》2,601.5万円**

ここが勘どころ
より長い年月を掛け、1年当たりの贈与額を低く抑えれば、納税負担は小さくなる。
（例）毎年800万円相当額の贈与を **10年間**（計8,000万円）行った場合の贈与税の納税累計額
[(800万円－基礎控除110万円)×30%（※I）－90万円（※II）]×10年＝**1,170万円**

6年目以降、経営者が保有する残りの自社株式30%については、亡くなるまで、引き続き、年月を掛けて暦年課税による贈与を行うことや、相続時精算課税を選択することも可能。

ケースB ［暦年課税＋相続時精算課税］

4年目まではケースAと同じ
《贈与の累計額》4,000万円 [①株式3,000万円＋②現金1,000万円] 《納税累計額》1,071.5万円

5年目 [例：2025年]（経営者70歳、後継者40歳）【事業承継を行う年】
《贈与》4,000万円（相当額）[①株式4,000万円（評価額）＋②現金0円]【相続時精算課税を選択】
《贈与の累計額》8,000万円 [①株式7,000万円＋②現金1,000万円]
《課税》贈与税額278万円 [(4,000万円－基礎控除110万円－特別控除2,500万円)×20%] **《納税累計額》1,349.5万円**

※基礎控除110万円は2024年1月1日以降に受けた贈与財産に適用

もし、6年目以降、経営者が保有する残りの自社株式30%を贈与する場合は、暦年課税を利用することはできず、相続時精算課税による贈与のみとなる。ただし、本ケースでは既に2,500万円の特別控除の枠を使い切っているため、残りの株式（評価額3,000万円）をまとめて贈与する場合は、贈与税は578万円 [(3,000万円－110万円)×**20%**] となる。

2　相続税の計算方法

相続財産の合計額（A）

◆暦年課税制度・相続時精算課税制度により相続開始前に受けた贈与財産価額を相続財産の価額に加算する際に控除される内容ついては p.68 をご参照ください。

| 本来の相続財産 | ＋ | みなし相続財産（※1） | － | 非課税財産（※2） | － | 債務葬式費用 | ＋ | 相続時精算課税（※3）適用財産 | ＋ | 3年（※❶）以内の暦年課税（※4）適用財産 |

2023年度税制改正

| 2024年1月1日以降に受けた贈与財産に適用 | ➡ | 基礎控除（年間110万円）＆災害被害相当額の控除 | | 3年超7年以内の加算期間の100万円控除 |

※❶：3年から7年に段階的に延長される。[延長対象：2024年1月1日以降に受けた贈与財産]
2027年の相続：最長4年（3年超）／ 2028年：最長5年 ／ 2029年：最長6年
2030年：最長7年 ／ 2031年以降の相続：7年
2027年1月2日以降の相続から3年超7年以内の加算期間

課税相続財産の額（B）

| （A） | － | 基礎控除 ［3,000万円＋ 600万円×法定相続人の数（※5）］ |

相続税の総額（C）

税率（※Ⅰ）と控除額（※Ⅱ）は下記「速算表」をご参照ください。

法定相続分に基づき法定相続人ごとに税額を計算し、それを合計
[（B）× 法定相続分（※6）]× 税率（※Ⅰ）－ 控除額（※Ⅱ）= 税額
【例】法定相続人が3人（①、②、③）の場合 ⇒ 総額（C）＝ 税額①＋②＋③

各相続人等の算出税額（D）

実際に相続する遺産に基づき、各人ごとに税額を按分
（C）× 各相続人等の正味の相続財産 ÷（A）

各相続人等の納付税額

| （D） | ＋ | 2割加算（※7） | － | 暦年課税分の贈与税額控除 | － | 配偶者の税額軽減 | － | 未成年者控除 |

| － | 障害者控除 | － | 相次相続控除（※8） | － | 外国税額控除 | － | 相続時精算課税分の贈与税相当額 |

【相続税の速算表】

法定相続分に応ずる取得金額	税率（※Ⅰ）	控除額（※Ⅱ）
1,000万円以下	10%	—
3,000万円以下	15%	50万円
5,000万円以下	20%	200万円
1億円以下	30%	700万円
2億円以下	40%	1,700万円
3億円以下	45%	2,700万円
6億円以下	50%	4,200万円
6億円超〜	55%	7,200万円

※1（みなし相続財産）：
本来の相続財産ではないが、相続税の対象となる財産
例）死亡退職金、被相続人が保険料を負担していた生命保険契約の死亡保険金など

※2（非課税財産）：
相続税のかからない財産
例）墓地や墓石、死亡退職金や被相続人が保険料を負担していた生命保険契約の死亡保険金のうち非課税枠（500万円×法定相続人の数）となる金額　など

※3（相続時精算課税）：p.68 参照

※4（暦年課税）：p.68 参照

※5（法定相続人）：
民法の規定により相続人となる人で、配偶者のほか、次の順序で相続権が発生する
①子（またはその代襲相続人）
②直系尊属
③兄弟姉妹（またはその代襲相続人）
[相続を放棄した場合でも法定相続人の数にカウントされる（地位は残る）]

※6（法定相続分）：
法定相続人の取り分の割合
①配偶者と子供が相続人である場合
・配偶者 1／2
・子供（2人以上のときは全員で）1／2
②配偶者と直系尊属が相続人である場合
・配偶者 2／3
・直系尊属（2人以上のときは全員で）1／3
③配偶者と兄弟姉妹が相続人である場合
・配偶者 3／4
・兄弟姉妹（2人以上のときは全員で）1／4
なお、子供、直系尊属、兄弟姉妹がそれぞれ2人以上いるときは、原則として均等に分ける

※7（2割加算）：
相続などによって財産を取得した人が、被相続人の「一親等の血族（代襲相続人となった孫（直系卑属）を含む。）及び配偶者」以外の人である場合には、その人の相続税額にその相続税額の2割に相当する金額が加算される

※8（相次相続控除）：
相続開始前10年以内に被相続人が相続などによって財産を取得し相続税が課されていた場合には、その被相続人から相続などによって財産を取得した人の相続税額から、一定の金額が控除される

≪相続税の計算例 [生前贈与時に選択した課税制度の違いによる比較 (ケースAとケースB)] ≫

【本計算例における前提】

贈与税の計算例 (p.69) の前提に次の条件を加えたもの。

● 相続財産の内容：自宅不動産 [5,000万円相当額]、預金 [4,000万円]、死亡保険金 [3,000万円]、
自社株式 [3,000万円相当額 (後継者に70%の自社株式を生前贈与したあとに保有していた残り30%分)]

● 被相続人：先代経営者 [70歳で後継者に株式を贈与して事業を引き継いでから**7年後の2032年**に亡くなる。]

● 相続人：配偶者 [相続財産：6,500万円 (自宅不動産5,000万円＋非課税枠控除後の死亡保険金1,500万円)]

　　　　　長　女 [相続財産：3,000万円 (預金3,000万円)]

　　　　　長　男 [後継者。先代経営者から生前贈与 (自社株式の70%) を受け事業を承継。

　　　　　　　　　相続財産：4,000万円 (預金1,000万円＋自社株式3,000万円)]

　　　　　　　　　＋7年以内の**暦年課税**適用の生前贈与財産 3,900万円 (株式4,000万円−100万円) ⇒ 7,900万円

　　　　　　　　　または**相続時精算課税**適用の生前贈与財産 3,890万円 (株式4,000万円−110万円) ⇒ 7,890万円

ケースA [生前贈与は暦年課税のみ利用 (p.69のケースA)]

1 《相続財産の合計額 (A)》**1億7,400万円**

　　本来の相続財産 [1億2,000万円 (①自宅不動産5,000万円＋②預金4,000万円＋③自社株式3,000万円)]

　＋ みなし相続財産 [3,000万円 (死亡保険金)]

　－ 非課税財産 [1,500万円 {死亡保険金の非課税枠：500万円×3人 (法定相続人の数)}]

　＋ 7年以内の暦年課税適用の生前贈与財産 [3,900万円 (自社株式4,000万円−100万円《※》)]

　　　　　　　　　　　　　　　　　　　　※《例：2031年の相続開始から》3年超7年以内の加算期間全体の控除

2 《課税相続財産の額 (B)》**1億2,600万円**

　　(A) [1億7,400万円] － 基礎控除 [3,000万円＋600万円×3人 (法定相続人の数)]

3 《相続税の総額 (C)》**2,050万円**

　　【配偶者】1億2,600万円×1/2 (法定相続分) ×30%（※I）− 700万円（※II）= 1,190万円

　＋【長　女】1億2,600万円×1/4 (法定相続分) ×20%（※I）− 200万円（※II）= 　430万円

　＋【長　男】1億2,600万円×1/4 (法定相続分) ×20%（※I）− 200万円（※II）= 　430万円

4 《各相続人の算出税額 (D)》

　　【配偶者】2,050万円×6,500万円÷1億7,400万円＝**約765.8万円**

　　【長　女】2,050万円×3,000万円÷1億7,400万円＝**約353.4万円**

　　【長　男】2,050万円×7,900万円÷1億7,400万円＝**約930.7万円**

5 《各相続人の納付税額》

　　【配偶者】765.8万円−配偶者の税額軽減 (法定相続分もしくは1億6,000万円いずれか多い金額に対応する額まで) ＝**0円**

　　【長　女】**約353.4万円**

　　【長　男】930.7万円−**暦年課税分**の贈与税額 1,530万円 (p.69の5年目の《課税》参照) ＝**0円**

　　　　∴長男の納税総額 ⇒ 贈与税 (累計額) **2,601.5万円** (p.69参照) ＋ 相続税 **0円** ＝ **2,601.5万円**

ケースB [生前贈与は相続時精算課税制度を利用 (p.69のケースB)]

1 《相続財産の合計額 (A)》**1億7,390万円**

　　本来の相続財産 [1億2,000万円 (①自宅不動産5,000万円＋②預金4,000万円＋③自社株式3,000万円)]

　＋ みなし相続財産 [3,000万円 (死亡保険金)]

　－ 非課税財産 [1,500万円 {死亡保険金の非課税枠：500万円×3人 (法定相続人の数)}]

　＋ 相続時精算課税適用の生前贈与財産 [3,890万円 (自社株式4,000万円−110万円《例：2025年分》)]

2 《課税相続財産の額 (B)》**1億2,590万円**　　　【※**2**〜**4**の計算式は省略】

3 《相続税の総額 (C)》**2,047.5万円** [【配偶者】1,188.5万円、【長女】429.5万円、【長男】429.5万円]

4 《各相続人の算出税額 (D)》 [【配偶者】**約765.3万円**、【長女】**約353.2万円**、【長男】**約929万円**]

5 《各相続人の納付税額》

　　【配偶者】765.3万円−配偶者の税額軽減 (法定相続分もしくは1億6,000万円いずれか多い金額に対応する額まで) ＝**0円**

　　【長　女】**約353.2万円**

　　【長　男】929万円−相続時精算課税分の贈与税額 278万円 (p.69の5年目の《課税》参照) ＝**651万円**

　　　　∴長男の納税総額 ⇒ 贈与税 (累計額) **1,349.5万円** (p.69参照) ＋ 相続税 **651万円** ＝ **2,000.5万円**

事業承継に係る納税猶予制度のポイント ［法人向け］

［事業承継税制］贈与税・相続税の納税猶予制度（特例措置）とは　　　　2018年度税制改正

　　後継者が、非上場会社の株式等をオーナー（先代経営者）から贈与または相続により取得した場合（2018年1月1日から2027年12月31日までの取得）において、一定の要件を満たすことにより、当該株式等に係る税金（贈与税・相続税）の納税が後継者の死亡の日等まで猶予（先延ばし）される制度。「特例措置」は、それまでの納税猶予制度の内容が2018年度の税制改正によって拡充された10年間限定の時限措置。適用期限が設けられていない「一般措置」よりも納税猶予の対象となる株式等や納税猶予の割合などの点において優遇されている。

　　事業を承継し、株式等の贈与・相続後に経営承継円滑化法の認定を受けた後継者が、贈与税・相続税の申告期限後5年間のうちに代表者を退任するなど、一定の事由により適用要件を満たさなくなった場合は、認定を取り消され、納税が猶予されていた贈与税・相続税及び猶予期間に対応する利子税（利息）を納付しなければならなくなる。

　　※この制度は原則として、贈与税・相続税の納税の猶予により事業承継時の納税負担を軽減するものであり、免除を前提とする制度ではない。ただし、一定の事由の発生により、猶予された納税額が免除・減免される場合がある。

1　納税猶予制度の適用要件

【贈与税と相続税の納税猶予制度（特例措置）それぞれの適用に求められる共通要件】

① 対象会社（特例認定承継会社）の主な要件

・経営承継円滑化法上の中小企業者（※1）であること
【本納税猶予制度における対象企業の種類：株式会社、特例有限会社、合名会社、合資会社、合同会社（※個人事業者は別制度 p.82）】

2年延長 2024年度税制改正

・2018年4月1日から2026年3月31日までの間に特例承継計画を都道府県に提出した会社であって、2018年1月1日から2027年12月31日までの間に贈与・相続により後継者が自社の株式等を取得し、経営承継円滑化法の認定を受けたものであること

・上場会社、資産管理会社（※2）、風俗営業会社に該当しないこと

※2（資産管理会社）：有価証券、賃貸用不動産、現金等の特定の資産の保有割合が帳簿価額の総額の70%以上の会社（資産保有型会社）やこれらの資産からの運用収入が総収入金額の75%以上の会社（資産運用型会社）などの一定の会社。ただし、資産管理会社に該当する場合であっても、次の①②③の全てを満たし、事業実態があると判断された場合は、資産管理会社に該当しないものとみなされる。
①従業員5人以上／②事務所等を所有または賃借／③贈与または相続開始の日まで3年以上の商品販売等業務の実施

※1（経営承継円滑化法上の中小企業者）：

業種	資本金の額・出資の総額	又は	常時使用する従業員の数
製造業、建設業、運輸業、その他	3億円以下		300人以下
ゴム製品製造業	3億円以下		900人以下
ソフトウェア業又は情報処理サービス業	3億円以下		300人以下
卸売業	1億円以下		100人以下
サービス業	5千万円以下		100人以下
旅館業	5千万円以下		200人以下
小売業	5千万円以下		50人以下

② 納税猶予を継続するために贈与税・相続税の申告期限後5年間満たす必要のある主な要件

・後継者が引き続き会社の代表者であること

・猶予対象株式等を継続保有していること

・5年間の平均で従業員の雇用が贈与時・相続開始時の80%以上を維持すること
［これを維持できない場合でも認定取消しはないが、要件を満たせない理由を記載した報告書(p.74参照)の提出が必要となる。］

【納税猶予制度（特例措置）の適用を受けるための手続きの流れ】

① 認定経営革新等支援機関（※）からの指導・助言を受け、後継者や承継時までの経営見通し、承継後5年間の事業計画等を記載した特例承継計画を作成。
［支援機関による所見の記載も必要］
※中小企業者支援に係る実務経験等が一定レベル以上と国が認定した金融機関、税理士、公認会計士、弁護士、商工会議所等。

② 2026年3月31日までに特例承継計画を都道府県に提出（確認申請）。2027年12月31日までに贈与・相続により自社の株式等を取得したあと、経営承継円滑化法の認定申請（※）を行う。
※認定申請の期限
贈与税：贈与日の翌年の1月15日
相続税：相続開始日翌日から8カ月を経過する日

③ 贈与税・相続税の申告期限（※）までに、納税猶予税額及び利子税の額に見合う担保（納税猶予の対象となる非上場株式等）を税務署に提供するとともに、贈与税・相続税の申告を行う。
［認定書等の添付］
※申告期限
贈与税：贈与日の年の翌年の3月15日
相続税：相続開始日翌日から10カ月を経過する日

④ ③の贈与税・相続税の申告期限後5年間は毎年1回、税務署長への届出（継続届出書の提出）・都道府県知事への報告（年次報告書の提出）が必要。5年経過後は3年毎に1回、税務署長への届出が必要。

【贈与税の納税猶予制度の適用要件】

① オーナー（先代経営者）［贈与者］の主な要件

- ・会社の代表者であったこと
- ・贈与の直前において、同族関係者（親族等）と合わせて総議決権数の50%超の議決権数を保有し、かつ、後継者を除いた同族関係者の中で最も多くの議決権数を保有していたこと
- ・贈与時において会社の代表権を有していないこと（ただし、有給役員として残留可能）
- ・後継者の人数に応じ一定数以上の株式等の贈与をすること
  【後継者が1人の場合】次の①回いずれかの状況に応じた株式等の数
  ① [A] ≧ [B × 2/3 − C] の場合 … [B × 2/3 − C] 以上
  回 [A] < [B × 2/3 − C] の場合 … [A] のすべて
  【後継者が2〜3人の場合】次の㈡㈢の両方を満たす株式数
  ㈡ [D] ≧ [B × 1/10]
  ㈢ [D] > [贈与後における先代経営者等のいずれもが有する対象会社の株式等の数]

A：贈与の直前において先代経営者等が有していた対象会社の株式等の数
B：贈与の直前の対象会社の発行済株式等の総数
C：後継者が贈与の直前において有していた対象会社の株式等の数
D：贈与後における各後継者の有する対象会社の株式等の数

② 後継者［受贈者］の主な要件

- ・贈与日以後において、代表者であること　　（注）贈与者の親族であることを要しない
- ・贈与日において、18歳（※）以上、かつ役員就任から3年以上経過していること　※2022年4月1日以降
- ・贈与日において、同族関係者（親族等）と合わせて総議決権数の50%超の議決権数を保有し、その同族関係者で特例承継計画に特例後継者として記載された者（複数可能）のうち、単独で総議決権数の10%以上を有する上位3名までの者

【相続税の納税猶予制度の適用要件】

① オーナー（先代経営者）［被相続人］の主な要件

- ・会社の代表者であったこと
- ・相続開始の直前において、同族関係者（親族等）と合わせて総議決権数の50%超の議決権数を保有し、かつ、後継者を除いた同族関係者の中で最も多くの議決権数を保有していたこと

② 後継者［相続人］の主な要件　　　　（注）被相続人の親族であることを要しない

- ・相続開始日の翌日から5カ月を経過する日以後において、会社の代表者であること
- ・相続開始の直前において、会社の役員であること（ただし、①「被相続人が70歳未満で死亡した場合」、または②「特例承継計画に特例後継者として記載されている者である場合」を除く）　　**2021年度税制改正**
- ・相続開始時において、同族関係者（親族等）と合わせて総議決権数の50%超の議決権数を保有し、その同族関係者で特例承継計画に後継者として記載された者（複数可能）のうち、単独で総議決権数の10%以上を有する上位3名までの者

2 「贈与税の納税猶予」から「相続税の納税猶予」への切替え

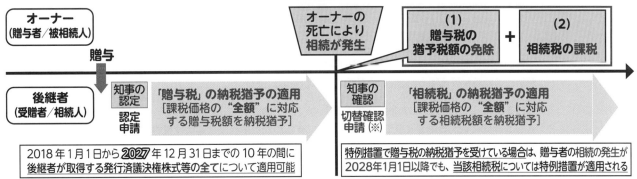

① 贈与税の納税猶予の適用を受けている期間にオーナーが死亡した場合は、贈与税の納税猶予税額は免除される。

② 贈与税が猶予されていた贈与対象株式等については、オーナーから後継者に相続があったものとみなして、贈与時の評価額で相続税が課税される。

③ 上記②の相続税（課税価格の全額）について、一定の要件を満たす場合（※）、納税猶予の適用を受けることができる。
※相続税の納税猶予制度の適用要件のうち、後継者が代表者であること、後継者と同族関係者で過半数の議決権を有していることなど、一定のものを満たすことについて、都道府県知事による切替えの確認を受ける必要がある。

3　特例措置の利用における利便性の要点

① 納税猶予の対象となる株式等
- ●特例措置：［発行済議決権株式等の**全て**］（**上限撤廃**）
- ●一般措置：［発行済議決権株式等の総数の**3分の2まで**］

≪納税猶予税額の計算方法≫
- ●贈与税の納税猶予税額：p.68 参照
- ●相続税の納税猶予税額（※）：p.70 参照
※後継者以外の相続人が相続により取得した財産も含めて計算され、p.70におけるDで算出された額となる。
　ただし、猶予税額の算出をする場合の相続財産の合計額（A）、課税相続財産（B）、相続の総額（C）、算出税額（D）の各計算においては、後継者の取得財産は、納税猶予の適用対象株式等のみであるものとして計算する。

② 課税価格に対する納税猶予の割合
- ●特例措置：［贈与税 100%、相続税 **100%**］
- ●一般措置：［贈与税 100%、相続税 **80%**］
- ※①②により、実際に猶予される税額：
  - ●特例措置：［贈与税の 100%、相続税の 100%］（**承継時の納税資金負担はゼロ**）
  - ●一般措置：［贈与税の約 67%（2/3×100%）、相続税の約 53%（2/3×80%）］

③ 承継パターン（「1人の先代経営者」から「1人の後継者」への承継のほかに適用可能な承継パターン）
- ●特例措置：（**複数の株主 ⇒ 複数の後継者**）
  - A［1人の先代経営者］⇒［**複数の後継者（最大3人）**］
  - B［**複数の株主**｛「先代経営者」と「**先代経営者以外**（先代経営者の親族外も可）の者（※）｝］⇒［後継者（複数可）］
- ●一般措置：（**複数の株主 ⇒ 1人の後継者**）
  - C［**複数の株主**｛「先代経営者」と「**先代経営者以外**（先代経営者の親族外も可）の者（※）｝］⇒［1人の後継者］

　　※先代経営者以外の者からの贈与等により取得した株式等については、先代経営者からの贈与等に係る納税猶予制度の適用を受けてから5年間のうちに、当該先代経営者以外の者からの贈与等に係る申告書の提出期限が到来するものに限る。

④ 納税猶予の継続要件（従業員の雇用要件）
- ●特例措置：［雇用要件**未達成の場合でも納税猶予は継続**（要件を満たせなかった理由の報告書（※）の提出が必要）］
  - ※認定経営革新等支援機関の所見（その理由が経営状況の悪化である場合または支援機関が正当なものと認められないと判断したものである場合は支援機関による指導・助言を受けた旨も）が記載されたもの。
- ●一般措置：［猶予開始から5年間の平均で従業員の雇用が贈与時・相続開始時の **80%以上**を維持］

⑤ 5年間の承継期間経過後における経営環境変化に応じた株価下落時の解散・譲渡等（※）の際の納税
　　※解散・譲渡等：解散（自主廃業）、合併による消滅、株式譲渡（M&Aによる売却など）等
- ●特例措置：［一定の要件に該当する**経営環境の変化**（※1）があったことによる解散・譲渡等の場合で、次のAがBを下回るときは、その差額が減免された納税となる］（**納税額の再計算⇒減免可能**）
  - A［解散・譲渡等をした時点での評価額（※2）を基に再計算された納税額＋直前配当等の額（※3）］
  - B［当初の納税猶予税額（事業承継時の株価を基に計算された納税額）］
  - ※1：経営環境の変化を示す一定の要件（次のいずれかに該当する場合）
    - ・過去3年間のうち、2年以上損益計算書の経常損益金額が赤字である場合
    - ・過去3年間のうち、2年以上会社の売上高がその年の前年の売上高と比べて減少している場合
    - ・直前の事業年度終了の日における有利子負債の額がその直前事業年度の売上高の6カ月分以上である場合
    - ・会社の事業が属する業種に係る上場会社の平均株価（直前事業年度終了の日以前1年間の平均）がその前年1年間の平均より下落している場合
    - ・特例後継者が会社の経営を継続しない特段の理由がある場合（解散の場合を除く）
  - ※2：解散時の相続税評価額 or 譲渡の売却額または合併の対価額
　　　　相続税評価額の50%の金額が下限となる。ただし実際の売却価額等が50%未満の場合、一旦50%分までが免除される。2年後、譲渡した事業が継続され、かつ、雇用が半数以上維持されている場合には、残額が免除となる。
  - ※3：過去5年間に特例後継者及びその同族関係者に支払われた配当及び過大役員給与等に相当する額
- ●一般措置：［株価が下落した場合でも、解散・譲渡等により猶予取消しとなった際は、**贈与・相続時の株価を基に算定された贈与税・相続税の納付が必要**］

⑥ 相続時精算課税制度の適用範囲
- ●特例措置：［贈与者：60歳以上 ／ 受贈者：18歳（※）以上］　　　　　　　　　　※2022年4月1日以降
  - ◆受贈者（後継者）は贈与者（先代経営者）の**推定相続人以外の者も適用可能（親族関係不要）**］
- ●一般措置：［贈与者：60歳以上の父母または祖父母 ／ 受贈者：18歳（※）以上の推定相続人（直系卑属）または孫］

4 特例承継計画の確認申請手続きと認定支援機関の重要性

　事業承継税制の特例措置の適用を受けるためには、2018年4月1日から<u>2026年3月31日までに特例承継計画を都道府県に提出し、確認を受ける必要がある。</u>

【申請にあたり必要となる申請書と添付書類】

(1) 確認申請書（特例承継計画）【様式21】・・・原本1部、写し1部

　認定経営革新等支援機関（以下「認定支援機関」）（※）の記載による所見等（別紙）が含まれる。

※中小企業者支援に係る実務経験等が一定レベル以上と国が認定した金融機関、税理士、公認会計士、弁護士、商工会議所等。

（注）確認申請によって特例承継計画の確認を受けたあとに計画の内容に変更があった場合には、変更申請書を都道府県に提出し、確認を受けることができる。変更申請書には、変更事項を反映した計画を記載し、再度、認定支援機関による指導及び助言を受けることが必要となる。

［記載項目］
① 会社について［主たる事業内容／資本金額又は出資の総額／常時使用する従業員数］
② 特例代表者について［特例代表者の氏名／代表権の有無］
③ 特例後継者について［特例後継者の氏名］
④ 特例代表者が有する株式等を特例後継者が取得するまでの期間における経営の計画について
　　　　　　　　　　［株式等承継の予定時期／承継時期までの経営上の課題／課題への対応］
⑤ 特例後継者が株式等を承継したあと5年間の各年度における具体的な経営計画

（別紙）認定経営革新等支援機関による所見等
［記載項目］
① 認定経営革新等支援機関の名称等
② 指導・助言を行った年月日
③ 認定経営革新等支援機関による指導・助言の内容

> ※様式21等ダウンロード先※
> 中小企業庁トップページ＞ 政策について＞ 税制＞ 法人版事業承継税制＞ 法人版事業承継税制（特例措置）の前提となる認定＞ **2.申請書類「法人版事業承継税制（特例措置）の前提となる認定に関する申請手続関係書類」**

(2) 添付書類

● 履歴事項全部証明書 ・・・ 確認申請日の前3カ月以内に取得したもの
● 従業員数証明書 ・・・ 様式指定はないが厚生年金保険 or 健康保険の標準報酬月額決定通知書等の添付が必要
● その他、確認の参考となる書類 ・・・ 確認の判断ができない場合、別途提出を要求される可能性がある
● 返信用封筒

【申請と承継計画を実現させるうえでの認定支援機関の役割の重要性】

(1) 認定支援機関による所見等の重要性

① 別紙の位置付けではあるが、特例承継計画の申請書類の中で最も重要なものの一つである。

② 認定支援機関の所見等によって、申請する企業における承継までの計画と承継後5年間の計画の課題等に対して適切な指導・助言が行われたことや、計画の実現可能性などが分かれば、申請を受理する都道府県にとっては、それは<u>特例措置の適用の妥当性を判断する指標</u>となる。

③ 経営者と後継者は、認定支援機関の支援により、納税猶予制度を利用した<u>事業承継計画の策定段階における課題の発見や最適な対策手法の選定等に関するアドバイス</u>、及び<u>計画の実施段階における新たな課題発生時の対処方法や承継体制の最終点検等に関するアドバイス</u>などを受けることが可能となる。
　ただし、全ての認定支援機関が、特定の事業承継の課題に対して、それを適切に解決するだけの十分な支援ノウハウを持っているとは限らないため、どの認定支援機関を選択するかで、大きく異なる筋書きで承継が進むことも起こり得る。

(2) 認定支援機関の選び方・探し方のポイント

① 自社の経営の実情等をよく知る顧問税理士等が認定支援機関であれば、<u>相談がしやすく、計画の実現可能性についての判断や指導・助言などがより適確</u>になる可能性がある。

② 特例承継計画の提出時だけでなく、想定外の事情等で計画の遂行に支障が生じた場合に適切な対処が必要になることなどから、<u>数十年間という長期にわたる支援が可能</u>であると見込まれる認定支援機関であるかどうかも、依頼する際の重要なポイントである。

5 制度活用の主なメリット・デメリット

(1) メリット

① 特例措置では、要件を満たす場合、事業承継に伴い取得した全ての非上場株式等に係る贈与税・相続税の全額が猶予される（※）ため、**事業承継時における後継者の納税資金負担は事実上ゼロ**となる。

> ※ただし、後継者が 2027 年 12 月 31 日までに特例措置の適用を受けて事業を承継した場合でも、その後次世代（後継者の子や孫など）が特例措置の適用期間経過後（2028 年 1 月 1 日以降）に当該事業を承継する場合は、次世代は現特例措置の適用を受けることはできない。この場合において次世代が納税猶予を望む場合は、適用期限のない一般措置の確認申請を行う必要があり、その適用を受けて猶予される税額は、贈与税の約 67％まで、相続税の約 53％まで（p.74 参照）となる。

② 納税猶予制度は、適用を受けた後継者の子や孫が、将来継続して本制度を利用した場合、先代後継者たちが猶予されてきた贈与税や相続税の分まで背負わせる仕組みにはなっていない。そのため、後継者は、本制度を利用すべきかどうかを検討する際、基本的には、**自身の子や孫が将来承継するときの納税累積リスクを気にせずに、後継者自身にとって利用価値があるかどうかという視点で判断することができる。**

> （注）ただし、後継者の次の世代（子など）が本制度（特例措置に限らず一般措置も可）を継続して利用するか否かは、本人の判断によるため、利用が継続されない場合は、後継者に、納税猶予の適用を受けていた株式等に係る税額の納税義務が発生するというリスクを十分に考えておく必要がある。

> 【ポイント】
> ● 後継者から子、孫へと連続して本制度を利用する場合、後継者の子や孫が猶予される税額は、一代前、二代前の後継者それぞれが受けた代々の贈与税・相続税の納税猶予税額の累積分を加算したものとはならない。つまり、先の世代の後継者［例：後継者の子（オーナーの孫）］が、本制度の適用を受けて事業承継が実現されたあと、当該後継者（後継者の子）が承継後 5 年以内に代表者を退任するなどして認定が取り消され、猶予されていた税額を全額納付することになったとしても、当該後継者の納税額は、本人が本制度の適用を受けずに贈与または相続によって事業を承継した場合に発生する通常の納税額と基本的には変わらない。先の世代の後継者が猶予される税額は、あくまでも本人が、一代前の経営者から贈与または相続によって実際に受け継いだ適用対象の株式等に対する贈与税または相続税に限られる。
> ● 納税猶予を受けた各世代の後継者は、その次の世代が本制度を継続利用して事業承継した場合（後継者は特例措置の利用、次の世代は一般措置の利用の場合も該当）には、猶予されていた税額の納税が免除されることとなる。したがって、各世代の後継者が連続して納税猶予の適用を受けて事業承継を実現していく同族会社の場合には、本制度を継続利用する世代が多くなればなるほど、一族全体としての贈与税・相続税の納税免除額は大きくなる（p.80 承継例参照）。

③ 株式譲渡（M&A 等）・合併消滅・解散等により納税猶予が取り消された場合にも納税の減免措置がある。

④ 贈与税の納税猶予については、相続時精算課税制度との併用が可能であり、併用を選択することで、納税猶予が取り消された場合でも、暦年課税により計算される贈与税額ではなく、相続時精算課税制度による基礎控除（年間110万円（※1））、特別控除（2,500万円（※2））及び税率20％で計算された贈与税額の納付となるため、その際の納税額の負担が軽減される。

> ※1：2024 年 1 月 1 日以降に受けた贈与財産に適用（p.68 参照）
> ※2：前年までに特別控除額を使用した場合には、2,500 万円から既に使用した額を控除した残額

(2) デメリット

① オーナーは贈与時までに代表者を退任する必要がある。［経営承継期間内の 5 年間は代表者への復帰は不可］

② 後継者が贈与を受けても、保有議決権数が全体の 3 分の 2 を超えない状況の場合は、オーナーは全ての保有株式等を贈与しなくてはならないため、譲渡による株式等の現金化は一切できない。
> ※オーナーが贈与前に全ての発行済議決権株式等を保有している場合でも、3 分の 1 未満の株式等しか現金化できない。

③ 納税猶予制度の適用を受けた後継者は、本人の死亡や会社の破産等の場合を除き、次の世代の後継者が本制度（特例措置または一般措置）を継続利用しない限り、本人が猶予されてきた贈与税・相続税を全額納税しなくてはならなくなる。そのリスクに完全に対処できる方策を準備せずに本制度を利用すると、猶予されてきた贈与税・相続税の納税義務が発生した際に、その納税を自己資金で賄えなくなる可能性が高まる。

④ 5 年間の承継期間の経過後は、納税猶予の取消しにより、猶予されていた贈与税・相続税の全部または一部を納税する際には、利子税［0.4％：2024 年中（年により変動あり）］を併せて納付する必要が生じる。
> 例えば、5 年間の承継期間の経過後（例：8 年経過時）の取消しによる納税の場合は、承継期間 5 年間分の利子税は免除され、それを超える取消し時までの分（例：3 年間分）の利子税の納付となる。

6 納税猶予期限の確定と納税猶予税額の免除

後継者が代表者を退任するなど一定の事由に該当する場合は、該当することとなった日から2カ月を経過する日までに、猶予されていた贈与税・相続税の全部または一部と利子税を納付しなければならない。［納税猶予期限の確定］
また、後継者の死亡など一定の場合には、猶予されていた贈与税・相続税の全部または一部の納税が免除される。

【納税猶予税額の納付が確定する主なケース】

納税猶予税額の納付が確定するケース ［納付者：後継者］	納付確定額	
	承継期間内 ［5年間］	承継期間後 ［5年経過後］
後継者が代表権を有しないこととなった場合	全額	－
後継者及び同族関係者の有する議決権数が50％以下となった場合	全額	－
後継者が筆頭株主（同族関係者内で10％以上の議決権を有する上位3位以内）でなくなった場合	全額	－
株式の上場があった場合	全額	－
後継者以外の者が黄金株を保有した場合	全額	－
後継者の代表権、議決権を制限した場合	全額	－
資産管理会社に該当することとなった場合	全額	全額
減資（資本金・準備金の減少）をした場合	全額	全額
会社の事業収入（売上）が0となった場合	全額	全額
一定の会社分割があった場合	全額	対応部分
非適格合併による消滅、株式交換及び株式移転による子会社化があった場合	全額	対応部分
後継者が株式の譲渡、贈与をした場合	全額	対応部分
会社を解散した場合	全額	全額
年次報告書や継続届書を未提出または虚偽の報告等をしていた場合等	全額	全額

※承継期間後［5年経過後］の「－」印のあるケースでは、
それぞれの条件が満たされなくなった場合でも、納税猶予
が継続される。

【納税猶予税額の納税が免除される主なケース】

納税猶予税額の納税が免除されるケース ［免除対象者：後継者］	対象	免除される 納税猶予税額
先代経営者（贈与者）が死亡した場合 ※贈与税の免除⇒相続税の課税⇒相続税の納税猶予	贈与税	全額
先代経営者の死亡前に後継者（受贈者）が死亡した場合	贈与税	全額
納税猶予を受けた後継者（相続人）本人が死亡した場合	相続税	全額
後継者（猶予対象者）が次の後継者（三代目）へ猶予対象株式等を一定以上贈与し、その後継者（三代目）が納税猶予の認定を受けた場合［5年経過後のみ］	贈与税 相続税	全額
◆破産手続開始の決定または特別清算開始の命令があった場合［5年経過後のみ］	贈与税 相続税	全額
◆対象株式等の時価が納税猶予税額を下回り、かつ、同族関係者以外の者への株式等の全部譲渡、合併等があった場合［5年経過後のみ］	贈与税 相続税	譲渡対価等を超える一定の額
◆民事再生等による再生計画の認可決定等に基づき財産価額の評定があった場合［5年経過後のみ］	贈与税 相続税	当初猶予税額と再計算後猶予税額との差額

赤字状況等、業績悪化の場合には納税額の再計算⇒減免措置
［※「3 特例措置の利用における利便性の要点」⑤ (p.74) 参照］

◆印のケースは、特例措置の場合のみ。

■承継期間後［5年経過後］に条件が満たされなくても納付が確定せず、納税猶予が継続される主なケースの具体例

（A）後継者が代表権を有しないこととなった場合

【具体例（一例）】
- 5年経過後、保有していた株式［総議決権数の3分の2（内訳：贈与税の納税猶予適用対象株式3分の1 ＋ 承継前から保有の適用対象外の株式3分の1）］のうち、納税猶予の適用対象外の株式全てを自社の役員（もともと総議決権数の3分の1を保有）に有償で譲渡。
  当該役員が3分の2を保有することとなり、代表者となる。
  後継者（元代表者）は、代表権を有しないこととなったが、納税猶予を受けていた適用対象株式はそのまま継続して保有しているため、納税猶予は継続される。

【その後の納付確定までの過程】
- 納税猶予制度の適用を受けた際の贈与者である先代経営者が死亡。
  猶予されていた贈与税の納税は免除され、相続税が課税される。
  後継者は代表権を有していないため、相続税の納税猶予に切り替えることができず、相続税を納税することとなる。

（B）株式の上場があった場合

【具体例（一例）】
- 納税猶予制度の適用を受けていた会社が業績好調で大きく成長し、5年経過後に上場会社となる。
  対象会社は上場会社となったが、後継者は代表者であり続け、納税が猶予されてきた先代経営者からの贈与分の適用対象株式をそのまま保有し続けたため、贈与税の猶予が継続される。

【その後の納付確定までの過程】
- 後継者は、先代経営者の存命中に、自分の子に納税猶予の適用対象株式を全て贈与し、子が代表者になる。
  後継者は、適用対象株式を全て贈与したことで、猶予されていた贈与税を全額納付することとなる。
  承継した子は、対象会社が上場会社であるため、納税猶予の適用を受けることはできず、贈与税を納付する。

7 納税猶予制度の利用を考える前に確認しておくべき留意事項

【経営者と後継者の心情や置かれた状況に伴い、十分な検討が必要になる主なケース】

■経営者の心情や置かれた状況

① 黄金株（拒否権を持った株式）を持ち続けたいと考えている。

【①の留意点】後継者以外の者が黄金株を保有する状態で、本制度を利用した事業承継はできない。

② 自分が保有する自社株の多くを、後継者に贈与するのではなく、有償で譲渡して現金化したいと考えている。

【②の留意点】基本的に全株式の現金化を望む場合は、本制度ではなく、後継者への全部譲渡（有償）またはM&Aが適している。しかし、例えば、自身が全株式を保有している状況で、最終的に総議決権の3分の2の株式が現金化できればよいとする場合、承継の前までに3分の1を有償で譲渡し、承継時に3分の1を贈与して後継者が納税猶予の適用を受け、先代経営者が保有する残り3分の1は、事業承継後、後継者個人や会社に購入資金ができた際に譲渡するというような方法もある。
自身の現状の株式保有割合やどの程度の現金化を望むのかによって、本制度利用の可能性と方法は異なってくる。

③ 現状では、親族内外に後継者が不在であり、早い段階でのM&Aを行う場合もあり得ると考えている。

④ 後継者の資質・経営力が心配で代表者を退任したくない気持ちも強い。

⑤ 株式が分散しており、現状では同族関係者で議決権の過半数を保持していない。

⑥ 特例措置を利用したいが、適用期間内に事業承継ができるかどうか見込みを立てにくい。

【③④⑤⑥の留意点】特例措置を利用する場合は、特例承継計画の確認申請期限（2026年3月31日）と、贈与または相続によって事業承継を行う適用期限（2027年12月31日）があり、それぞれの期限までに、自分と後継者の考えや気持ち、要件と状況を整理・確認し、準備を整えながら検討して、最終判断を適用期限までに行えばよい。確認申請をしたとしても、適用期限までに贈与または相続による承継が実現しなかった場合の罰則はない。
また、適用期限までに決断できない場合や、決断を急がずじっくり検討したい場合などには、特例措置ではなく、期限のない一般措置の利用を検討することもできる。

《③の場合》現役員の中には不在でも、例えば、確認申請期限に間に合う時期までに就任した親族外の新役員が、後継者に適任の場合にはどう考えるか。適用期限まで、M&Aと比較して検討することもできる。

《④の場合》適用期限までの死亡に伴う相続による事業承継も適用対象となるため、万が一に備えて確認申請をしておく［株式を承継する時期（予定）は2027年12月などとしておく］ことも可能。

《⑥の場合》確認申請期限までに後継者候補さえいない場合は、特例措置の利用は断念せざるを得ない。

⑦ 後継者以外の相続人に対しての遺留分対策ができていない。

【⑦の留意点】自身の財産の大半を占める自社株式を全て後継者に贈与すると、状況によっては、後継者以外の相続人の遺留分を侵害し、後継者に大きな負担（後継者以外の相続人への金銭の支払い）がかかる可能性がある。

⑧ 海外子会社を保有している会社である。

【⑧の留意点】海外子会社株式等を有していなかったものとして計算した株価を基に納税猶予額を算定するため、当初想定していたよりも納税猶予額が少なくなる可能性がある。

■後継者の心情や置かれた状況

① 納税猶予税額が多額になるのであれば、万が一の納税リスクが不安。

【①の留意点】納税猶予の適用を受ける株式等の数（議決権数）を最小限に抑えることで、納税リスクを軽減できる場合がある。例えば、承継前にオーナーと後継者の保有議決権数の合計が総議決権数の3分の2以上である場合、適用を受けるうえで必要最低限となる総議決権数の3分の2に達するだけの贈与を受けて承継することで、納税猶予税額が少なくなる。また、事業を承継する前までに、毎年、贈与税がかからない（もしくは少額かかる）範囲内で株式の贈与を受け、ある程度の株式を保有しておくことも一助になる場合がある。一般措置を利用する場合は、期限がないため、このような準備により長い年月をかけることが可能。
併せて、株式等の評価額が下がるための対策を講じることもできれば、相乗効果が高まることになる。

② 事業を安定的に継続させ、かつ、将来、自分の子（オーナーの孫）の猶予税額が多額にならないかたちでバトンタッチができるかどうかについて十分な自信がない。

【②の留意点】後継者による事業承継後、業績が上がり、株式等の評価額が上がったとしても、後継者の子（オーナーの孫）が引き続き特例措置を利用して承継する前に株式等の評価額が下がるための対策を講じることで、猶予税額が多額になることを回避できる場合がある。

③ 特例措置の適用を受けるための手続きが面倒・苦痛に感じることになるだろうと思っている。納税の猶予を受けずに、資金面などで大きな負担なく承継できる方法がほかにないのかどうかを検証したいと考えている。

【③の留意点】自社で取り得る対策を本書などを参考にしてじっくり考えてみること、専門家の意見も確認することは重要。

【納税猶予制度の利用の検討に欠かせぬリスクの見極めと事前対策等】

1．原則として、納税の猶予により事業承継時の納税負担を軽減するもので、免除前提の制度ではない。

● 贈与税または相続税の納税の猶予を受けて、後継者が株式等を承継することができたとしても、
その後、その次の後継者（三代目）が親族内外に現れないということも起こり得る。

● 三代目の後継者がいないことなどが原因で、M&A 等による株式譲渡や解散（自主廃業）などを行うこととなった場合には、納税猶予の認定が取り消され、後継者（二代目）は猶予されていた税額を納税しなければならない。
業績悪化等に起因する一定の経営環境下（過去 3 年で 2 年以上赤字など）での株式譲渡や解散等であれば、減免措置が適用される可能性があるが、そうでなければ全額納付となる。

2．一度きりの承継で終わらせるのではなく、その先を見据えた事業承継を実現させるためには、納税猶予制度の適用を受ける前に、次のようなリスクについてチェックし、十分な事前対策と準備が必要。

● 株価が高いまま贈与・相続が行われた場合は、
①認定取消しの際の納税負担が大きくなるリスクがある。
②後継者以外の相続人に課される相続税の納税負担が大きくなる（相続税の
算出に適用される超過累進税率が引き上げられる）リスクがある。
※後継者以外の相続人の納税額は、自身が相続した財産だけでなく、
後継者が納税猶予の適用を受けて取得した株式やその他の相続人が取得した
株式の評価総額を含めて算出される。
● 株式が分散し、議決権が集約できていない場合などには、当初の認定要件を満たせない場合もある。

● 財産価値が株式に集中している状況でありながら贈与・相続が行われた場合は、
全ての相続人に対して公平な財産承継ができなくなる恐れがある。
後継者以外の相続人への財産承継を検討しなかった場合、
遺留分の問題が顕在化して後継者以外の相続人から遺留分侵害額の請求を受ける
などの問題を引き起こす可能性もある。

● 後継者の経営力が十分に養われていない状況であるにもかかわらず、
とにかく特例制度の適用期間内に株式の承継を行うことが重要であるとして
株式贈与等を急ぐことにより、会社の経営基盤を揺るがし、事業承継自体を
失敗する恐れもある。
［後継者を中心とする新経営組織体制の整備についても同様］

● 経営者だけの考えで制度利用の申請を進め、
後継者が理解・納得していない場合は、
適用を受けたあとなどに、後継者による自主的な取り消しが行われる
場合もある。
● 後継者が親族でなくても利用できるが、社内または社外から登用した
親族外の後継者に渡った財産［親族外の後継者が贈与税の納税猶予の適用
（相続時精算課税制度を併用）を受けた株式等］であっても、
先代経営者の死亡時には先代経営者の相続財産として加算され、かつ、
法定相続人ではない親族外後継者が税務申告書上の相続人となってしまうため、
相続税の申告書の記載内容（各相続人の取得財産等）が親族外後継者に知られることにもなる。

3．納税猶予制度を利用するか否かの判断にあたって欠かせない視点
① 利用した場合の自社・経営者・後継者・後継者以外の相続人それぞれのメリットとデメリットの想定
② 事業承継を成功させるうえでのベスト・タイミングの選定

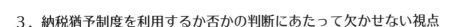

8 納税猶予制度の活用による事業承継例
プライバシー保護等の関係上、一部内容を脚色
(注)　会社名は仮称

[1] 贈与税の納税猶予制度の特例措置を活用

【事業承継対策実施前のG商事の会社概況】
県内を中心に卸売業を営む創業80年の非上場会社。株式は全てオーナーのAが保有。
売上高30億円／純資産額5億円(資本金2千万円)／従業員数100人／株式評価合計額3億円

　オーナーAはかねてから同世代の社長仲間が先代から株式を承継した際に納税資金を確保することで苦労した話をよく耳にしていたため、後継者であるBが事業を承継する際の資金負担等のリスクを心配し、認定支援機関に相談をしていた。

【事業承継の検討から納税猶予制度の活用、株式贈与までの過程の概要】
①後継者Bを交え、事業承継の課題や対策手法を認定支援機関に相談しながら3年間検討。
②検討を踏まえたうえで、納税猶予の特例措置を利用することを決断。
③認定支援機関の指導を受けながら、後継者Bとともに事業承継計画を作成。
　申請用の特例承継計画も作成し、県庁に提出（確認申請）。
④Aが70歳を迎える年に会社の代表権と全株式（相続税評価額：3億円）をBに一括贈与。
　県庁に経営承継円滑化法の認定申請を行う。贈与税の納税猶予の特例措置の適用を受ける。
　※納税猶予の認定が取り消された場合の税負担リスクを軽減させるため、暦年贈与に基づく申告方法ではなく、相続時精算課税贈与に基づく申告方法を併用。

[2] 納税猶予制度の活用を選択するに至った試算結果等

　自社株式の贈与（後継者が受贈）について、3つのタイプでの後継者の贈与税納税負担を比較試算し、想定される将来の状況を考慮したうえで検討した結果、タイプ3の納税猶予の特例措置の活用を決断。
※控除額、税率などについては、「贈与税の計算方法」(p.68)をご参照ください。

■タイプ1 通常の暦年贈与

【受贈時の贈与税納税負担：（3億円－110万円）×55％－640万円＝1億5,799万円】

《課題》贈与後3年以内(※1)に相続が発生しない限り、贈与時点で納税が完了することとなるため、後継者はその後の税負担を考えなくて済む一方、贈与を受けた時に多額の納税が必要となる。
※1：2027年以降の相続から段階的に7年以内に延長されます(p.68参照)。

■タイプ2 相続時精算課税制度による贈与

【受贈時の贈与税納税負担：（3億円－2,500万円）×20％＝5,500万円】

《課題》特別控除2,500万円を控除できるが(※2)、5,500万円の一括納税は個人としては負担が重い。
※2：2024年1月1日以降に受けた贈与財産の場合は、さらに基礎控除(年間110万円)が適用されます(p.68参照)。

■タイプ3 贈与税の納税猶予制度の特例措置【選択】

【受贈時の贈与税納税負担：0円】【納税猶予税額：5,500万円（相続時精算課税制度を併用）】

《メリット》●現状から考慮すると、株式贈与時の後継者Bの納税負担が多額になると想定されるが、納税猶予制度の適用を受ければ受贈時の贈与税の納税負担はなくなる。
●後継者Bには長男Dがいるが、Dは将来事業を継ぎたいと言っている。将来Dが事業を承継する際も納税猶予制度を活用すれば、DがBから事業を承継する際の納税負担も緩和される。ただし、特例措置の適用期間経過後（2028年1月1日以降）は現特例措置の適用を受けることができず、納税猶予制度の活用は適用期限のない一般措置のみ可能となる（pp.74,76参照）。

[3] その後、オーナーA（贈与者）が死亡した場合の相続税の納税猶予

【オーナーAの所有財産】
　G商事株式3億円（後継者Bに贈与済）／現金預金2億円／自宅不動産1億円（小規模宅地の減額後）
　後継者Bに株式を贈与した10年後に、Aの相続が発生すると仮定。
　　　Aの相続人と財産分割によるそれぞれの取得財産は次のとおり。
　　　　●B（長男）・・・自宅不動産1億円
　　　　●C（長女）・・・現金預金2億円

（1）相続税の納税猶予への切り替え

　　贈与税の納税猶予制度を受けたあと、贈与者であるＡが死亡した場合には、猶予されていた贈与税5,500万円が免除されるとともに、その死亡に係る相続については、後継者Ｂが"相続によりＧ商事株式を取得"したものとみなされる。なお、この際に相続税の課税価格に算入される株式の価格は、贈与時の価格となる。

　　そして、この株式に係る相続について、相続税の納税猶予を適用すれば、株式に係る相続税9,126万円が猶予されることとなる。なお、その計算方法は、下記のとおり。

㋑ 通常の計算による相続税額

	Ｂ（長男）	Ｃ（長女）	合計
Ｇ商事株式	300,000,000円		300,000,000円
自宅不動産	100,000,000円		100,000,000円
現金預金		200,000,000円	200,000,000円
課税価格（※）	400,000,000円	200,000,000円	600,000,000円
相続税の総額			197,100,000円
（あん分割合）	（0.67）	（0.33）	（1.00）
相続税額❶	132,057,000円	65,043,000円	197,100,000円

㋺ 後継者が対象株式のみを取得したものとして計算した相続税額

	Ｂ（長男）	Ｃ（長女）	合計
Ｇ商事株式	300,000,000円		300,000,000円
自宅不動産			
現金預金		200,000,000円	200,000,000円
課税価格（※）	300,000,000円	200,000,000円	500,000,000円
相続税の総額			152,100,000円
（あん分割合）	（0.60）	（0.40）	（1.00）
相続税額❷	91,260,000円	60,840,000円	152,100,000円

㋩ 猶予税額と納付税額

	Ｂ（長男）	Ｃ（長女）	合計
猶予税額❷	91,260,000円	－	91,260,000円
納付税額❶－❷	40,797,000円	65,043,000円	105,840,000円

Ｂの相続税額❶算出の計算式

①課税相続財産の額：
　6億円－4200万円［3000万円＋600万円×2］
　　　　　　　　　　　　　　＝5億5800万円

②相続税の総額：
　Ｂ　5億5800万円×1/2×45%－2700万円
　　　　　　　　　　　　　＝98,550,000円
　Ｃ　5億5800万円×1/2×45%－2700万円
　　　　　　　　　　　　　＝98,550,000円
　　　　　計（Ｂ＋Ｃ）197,100,000円

③Ｂの相続税額
　197,100,000円×0.67＝132,057,000円

Ｂの相続税額（納税猶予税額）❷算出の計算式

①課税相続財産の額：
　5億円－4200万円［3000万円＋600万円×2］
　　　　　　　　　　　　　　＝4億5800万円

②相続税の総額：
　Ｂ　4億5800万円×1/2×45%－2700万円
　　　　　　　　　　　　　＝76,050,000円
　Ｃ　4億5800万円×1/2×45%－2700万円
　　　　　　　　　　　　　＝76,050,000円
　　　　　計（Ｂ＋Ｃ）152,100,000円

③Ｂの相続税の納税猶予税額
　152,100,000円×0.60＝91,260,000円

※本試算における課税価格では、非課税財産や債務・葬式費用等及び相続時精算課税制度により2024年1月1日以降に贈与を受けた場合の基礎控除（年間110万円）を計算に含めておりせん。

（2）後継者Ｂの次の世代に向けての対策

　　後継者Ｂは、将来的にはＢの長男ＤにＧ会社を継いでもらいたいと思っており、ＤによるＧ商事株式の承継方法としては、贈与税の納税猶予制度［特例措置ではなく一般措置（注）］を活用することが望ましいと考えている。

　　仮に、贈与税の納税猶予制度（一般措置）によりＤがＧ商事株式を承継した場合には、Ｂについては、Ａの相続に係る相続税額のうち、切替確認申請（相続税の納税猶予への切替）により納税が猶予されていたＧ商事株式に係る部分の9,126万円は免除となる。つまり、Ａが所有していたＧ商事株式の承継に係るＢの税負担は一切生じないこととなる。

　　ＤがＢから株式の贈与を受ける際は、納税猶予制度（一般措置）の適用を受けることを想定しているため、贈与税の納税負担が約67%緩和された状態で事業を承継することができると見込んでいる（注）。

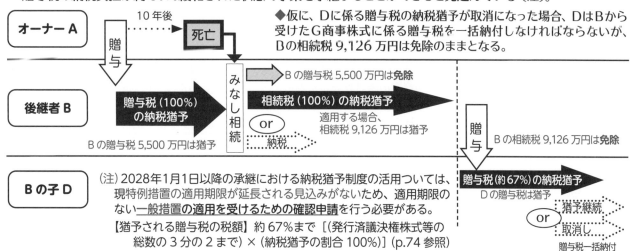

オーナーＡ	贈与
	10年後　死亡

◆仮に、Ｄに係る贈与税の納税猶予が取消になった場合、ＤはＢから受けたＧ商事株式に係る贈与税を一括納付しなければならないが、Ｂの相続税9,126万円は免除のままとなる。

後継者Ｂ

みなし相続

Ｂの贈与税5,500万円は免除

贈与税（100%）の納税猶予　　相続税（100%）の納税猶予
Ｂの贈与税5,500万円は猶予　　or　納税
　　　　　　　　　　適用する場合、相続税9,126万円は猶予

贈与　Ｂの相続税9,126万円は免除

Ｂの子Ｄ

（注）2028年1月1日以降の承継における納税猶予制度の活用ついては、現特例措置の適用期限が延長される見込みがないため、適用期限のない一般措置の適用を受けるための確認申請を行う必要がある。
【猶予される贈与税の税額】約67%まで［（発行済議決権株式等の総数の3分の2まで）×（納税猶予の割合100%）］（p.74参照）

贈与税（約67%）の納税猶予
Ｄの贈与税は猶予
or　猶予継続／取消し
贈与税一括納付

1　個人事業者の事業用資産に係る納税猶予制度

法人だけでなく、個人事業者においても円滑な事業承継を促すため、2019年度の税制改正によって、**「個人版事業承継税制」** が創設された。

この制度は、所得税の青色申告者として承認された個人事業者（先代経営者と後継者）による事業の承継において、多様な**事業用資産に係る贈与税・相続税の納税を100%猶予**し、承継時における後継者の負担軽減を図る**10年間限定**の制度である。納税猶予税額の計算方法や手続きなどの大枠は、非上場株式等についての贈与税・相続税の納税猶予制度の特例措置と基本的に同様となる。

（2019年度 税制改正）

【適用要件等】

項　目	内　容
納税猶予の対象となる特定事業用資産	先代経営者（贈与者・被相続人）の事業（不動産貸付事業等を除く）の用に供されていた以下の資産で青色申告書に添付される貸借対照表に計上されているもの ●**土地**（面積400㎡までの部分）　●**建物**（床面積800㎡までの部分） ●建物以外の減価償却資産（固定資産税や自動車税などの課税対象となっているもの、その他これに準ずるものに限る）[例：機械・器具備品（工作機械・パワーショベル・診療機器等）、自動車（※）、生物（乳牛等、果樹等）、無形償却資産（特許権等）] ※自動車は、乗用自動車（取得価額500万円以下の部分に対応する部分に限る）を含む（2021年度 税制改正）
猶予される税額	●担保の提供を条件に特定事業用資産の課税価格に対応する贈与税・相続税の全額の納税を猶予 ●納税猶予税額の計算方法については、非上場株式等についての贈与税・相続税の納税猶予制度の特例に準ずる
承継計画の提出	後継者は、2019年4月1日から2026年3月31日までの間に、認定経営革新等支援機関の指導・助言を受けて作成され特定事業用資産の承継前後の経営見通し等が記載された個人事業承継計画を都道府県に提出する必要あり
先代事業者＆個人事業承継者（後継者）	後継者は承継計画に記載された個人事業承継者であって、2019年1月1日から2028年12月31日までに、贈与・相続により、その事業に係る**特定事業用資産の全てを取得**し、経営承継円滑化法による認定を受けた者（※） ※贈与税の納税猶予の場合は、贈与時に18歳（2022年3月31日までの贈与については20歳）以上、かつ、贈与の日まで引き続き3年以上特定事業用資産に係る事業等（その事業に必要な知識等の習得のための修学等を含む）に従事していた者に限る 認定申請時までに　●先代は廃業届／承継者は**開業届**を提出していること [開業届は事業開始日から1カ月以内] ●先代は贈与以前（または相続年以前）**3年間、青色申告書を提出**していること ●承継者は**青色申告の承認**を受けていること[贈与の場合：原則事業開始日から2カ月以内に申請]
継続届出書の提出	贈与税・相続税の申告期限から**3年毎**に継続届出書を税務署長に提出する必要あり
適用除外	**特定事業用宅地等に係る小規模宅地等の特例**との併用は不可（選択適用）

（2年延長 2024年度 税制改正）

【適用に際してのポイント】

項　目	内　容
納税猶予税額の全額免除	次に該当する場合には、**納税猶予税額の全額が免除**される ●後継者がその死亡時まで特定事業用資産を保有し、事業を継続した場合 ●後継者が一定の身体障害等に該当した場合　●後継者について破産手続開始の決定があった場合 ●申告期限から5年経過後に次の後継者へ特定事業用資産を贈与し、その後継者がその特定事業用資産について、個人版事業承継税制の贈与税の納税猶予制度の適用を受ける場合
納税猶予税額の一部免除	次に該当する場合には、非上場株式等についての贈与税・相続税の納税猶予制度の特例に準じて、**納税猶予税額の一部が免除**される ●同族関係者以外の者へ特定事業用資産を一括して譲渡する場合　●民事再生計画の認可決定等があった場合 ●経営環境の変化を示す一定の要件（p.74参照）を満たす場合において、特定事業用資産の一括譲渡または特定事業用資産に係る事業を廃止する場合
納税猶予税額の納付	次に該当する場合には、それぞれの納税猶予税額を納付する必要あり ●後継者が特定事業用資産に係る事業を廃止した場合等・・・**納税猶予税額の全額** ●後継者が特定事業用資産の譲渡等をした場合・・・**譲渡等をした部分に対応する納税猶予税額**
法人成り	後継者が贈与税・相続税の申告期限から5年経過後に特定事業用資産を現物出資して会社を設立した場合には、設立した会社の株式を保有する等の一定の要件を満たすことで納税猶予が継続される
相続時精算課税制度の拡大	贈与の場合には、後継者が先代経営者の推定相続人以外の者であっても、先代経営者が贈与の年の1月1日時点で60歳以上である場合には、相続時精算課税制度を選択することができる
租税回避等の防止措置	●先代経営者に債務がある場合には、特定事業用資産の価額から当該債務の額（明らかに事業用でないものを除く）を控除した額を納税猶予の計算の基礎とする ●非上場株式等についての贈与税・相続税の納税猶予制度における資産管理会社要件を踏まえた要件の設定、その他当該制度に準じる所要の措置が講じられる

【納税猶予制度の適用を受けるための手続きの流れ】

① 認定経営革新等支援機関（※）からの指導・助言を受け、特定事業用資産の承継前後の経営見通し等が記載された個人事業承継計画を後継者が作成。

[支援機関による所見の記載も必要]

※中小企業支援に係る実務経験等が一定レベル以上と国が認定した金融機関、税理士、公認会計士、弁護士、商工会議所等。

② 2019年4月1日から2026年3月31日までの間に個人事業承継計画を都道府県に提出。2028年12月31日までに贈与・相続により特定事業用資産を取得したあと、経営承継円滑化法の認定申請（※）を行う。

※認定申請の期限
贈与税：贈与日の翌年の1月15日
相続税：相続開始日翌日から8カ月を経過する日

③ 贈与税・相続税の申告期限（※）までに、納税猶予税額に見合う担保を税務署に提供するとともに、贈与税・相続税の申告を行う。

※申告期限
贈与税：贈与日の年の翌年の3月15日
相続税：相続開始日翌日から10カ月を経過する日

④ 贈与税・相続税の申告期限から3年毎に継続届出書を税務署長に提出。

納税猶予制度のポイント［個人事業者向け］

2 個人版事業承継税制の利用を検討するうえでの留意点

個人事業の承継では、法人の事業承継に比べて、後継者にかかる贈与税や相続税の負担はそれほど大きくならないことが多く、納税の猶予を受けずに事業の承継を実現できるケースは少なくないかもしれない。

したがって、贈与税・相続税の全額が納税猶予されることに伴う将来の納税リスクはもちろんのこと、以下の点などにも十分留意し、納税シミュレーションを綿密に実施するなどして制度の利用を検討する必要がある。

(1) 個人版事業承継税制の利用を選ばず、先代経営者の死亡時に、特定事業用宅地等に係る小規模宅地等の特例の利用を選択した場合の相続税額の確認

● 後継者が先代経営者の親族である場合に利用でき、一定の要件を満たすことで、事業の用に供されていた事業用宅地等（限度面積400㎡）の評価額が80％減額されるため、その部分に対応する相続税が減額される。

● 後継者が個人版事業承継税制の適用を受けても、他の相続人の相続税が減額することは想定しづらいが、小規模宅地等の特例を利用した場合は、事業用宅地等の評価額の80％減額により、相続財産の総額が減少し、他の相続人の相続税負担額の軽減をもたらすことになる。

(注) 上記の小規模宅地等の特例を利用する場合の参考例：
先代経営者が存命中に後継者に事業を承継させる際、事業用資産のうち不動産以外については後継者に贈与し（個人版事業承継税制は選択しない）、不動産は「使用貸借（※）（民法）」によって無償で使用させることとする。　※小規模宅地等の特例を利用する場合の使用貸借は、生計を一にしていた親族に限る。
先代経営者の死亡時には、その不動産を後継者が相続して上記の小規模宅地等の特例を利用する。

(2) 親族外（第三者）の後継者による承継

● 個人版事業承継税制では、先代経営者の子供や親族による承継だけでなく、親族外の第三者を後継者とした事業承継にも対応し、先代経営者の推定相続人以外の者でも相続時精算課税制度を利用することができる。ただし、親族外の後継者が相続時精算課税制度を利用した場合には、先代経営者の死亡に際し、納税猶予の対象となった特定事業用資産が、先代経営者の相続財産として加算されることとなる。またこの場合には、親族外後継者が相続税の申告に加わることになり、相続税の申告書の記載内容（各相続人の取得財産等）が親族外の者に知られることにもなる。

(3) 不動産流通税、後継者の納税債務

● 贈与税・相続税の納税が猶予されたとしても、承継した特定事業用資産が不動産（土地・建物）である場合には、その事業用不動産に対して不動産流通税［不動産取得税（※）、登録免許税］がかかるため、その負担額がどの程度になるか事前確認が必要である。　※相続の場合には、不動産取得税は非課税となる。

● 法人版事業承継税制と同様に、後継者は納税を猶予されても、事業承継時の納税債務を長期間背負うこととなるため、納税債務が大きい場合は後継者の覚悟や意見、次の後継者候補の有無が、制度利用の判断材料として極めて重要となる。

1 非上場株式の評価方法

非上場株式の評価は、相続税・贈与税の課税価格の計算上、財産評価基本通達に基づき、以下の方法により行う。
　(1) 同族間の相続や贈与に適用される評価方法：原則的評価方式
　(2) 少数株主に適用される評価方法：特例的評価方式

(1) 原則的評価方式

　　会社を支配している同族株主が相続や贈与により取得する株式については、「類似業種比準価額方式」、「純資産価額方式」または2つの折衷方式により評価する。

　　類似業種比準価額方式（p.86 参照）
　　類似の事業を営む上場会社の株価に、配当・利益・純資産の3要素を比準して自社株を評価する方法

　　純資産価額方式（p.87 参照）
　　会社の資産の額から負債の額を控除した純資産価額を自社株の価値（清算価値）とする方法

　　——— 原則的評価方式

(2) 特例的評価方式

　　"少数株主"や"同族株主でない株主"は、支配権の行使を株式の保有目的とせず、配当の受取りを目的とすることから、「配当還元方式」により評価する。

　　配当還元方式（p.88 参照）
　　配当金額を一定の利率（10%）で還元した価額を自社株の価値とする方法

　　——— 特例的評価方式

2 原則的評価方式による評価

原則的評価方式による評価は、以下の流れに沿って行う。
　(1) 会社規模の判定
　(2) 特定会社の判定
　(3) 株式の評価方法の決定

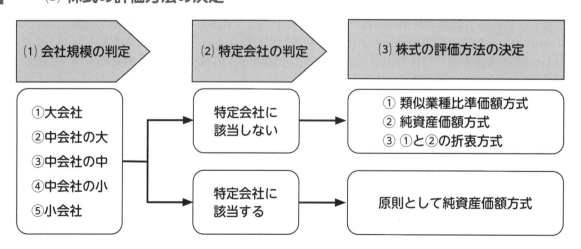

2 -（1）　会社規模の判定

■ 会社規模は、評価会社の「従業員数」、「総資産価額」、「取引金額」により判定し、大会社、中会社、小会社に区分する

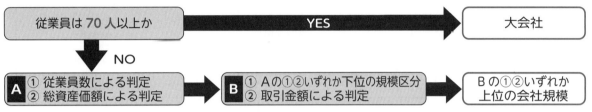

会社の規模		従業員数	総資産価額（帳簿価額）			取引金額（売上高）		
			卸売業	小売業・サービス業	左記以外	卸売業	小売業・サービス業	左記以外
大会社		70 人以上						
		35 人超	20 億円以上	15 億円以上		30 億円以上	20 億円以上	15 億円以上
中会社	大		4 億円以上	5 億円以上		7 億円以上	5 億円以上	4 億円以上
	中	20 人超	2 億円以上	2.5 億円以上		3.5 億円以上	2.5 億円以上	2 億円以上
	小	5 人超	7 千万円以上	4 千万円以上	5 千万円以上	2 億円以上	6 千万円以上	8 千万円以上
小会社		5 人以下	7 千万円未満	4 千万円未満	5 千万円未満	2 億円未満	6 千万円未満	8 千万円未満

2 -（2）　特定会社の判定

■ 特定会社は会社規模にかかわらず、原則として純資産価額方式で評価する

（1）比準要素数 1 の会社（※ 1）
（2）株式保有特定会社（p.88 参照）（※ 2）
（3）土地保有特定会社（p.88 参照）
（4）開業後 3 年未満の会社
（5）直前期末をもとに 3 要素ゼロの会社
（6）清算中の会社
（7）開業前または休業中の会社

> ※ 1：直前期において、1 株当たりの①「配当金額」、②「利益金額」、③「純資産価額」の 3 要素のうち、いずれか 2 要素がゼロまたはマイナスであり、かつ、直前々期においては 2 要素以上がゼロまたはマイナスである会社。
> ※ 2：S1+S2 方式も可能（S1：株式等以外の資産の評価、S2：株式等資産の評価）

2 -（3）　株式の評価方法の決定

■ 特定会社に該当しない場合は会社規模により評価方法が異なる

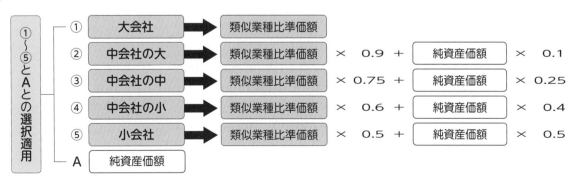

3 類似業種比準価額方式による評価額の計算

業種が同一または類似する複数の上場会社の株価の平均値に、評価会社（自社）の「配当」・「利益」・「純資産」の３要素を比準して自社株式を評価する方法。

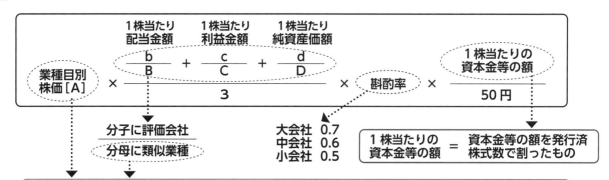

サンプリングされた上場会社の株価等から、113の業種目別に国税庁より毎年数値が示される。
（１株当たりの資本金等の額を５０円として数値化）

≪計算式における留意点≫

● 比準割合 [b/B、c/C、d/D] は、小数点以下第２位未満の端数は切捨て

【類似業種】※業種目別株価[A]と配当金額[B]・年利益金額[C]・純資産価額[D]は、国税庁ＨＰ内の法令解釈通達「○○年分の類似業種比準価額計算上の業種目及び業種目別株価等について」の中の**「業種目別株価等一覧表」**で確認する。

◆業種目別株価 [A] については、次の①～⑤のうち最も低いものとする。
　①課税時期の属する月の株価　②課税時期の**属する月の前月**の株価　③課税時期の**属する月の前々月**の株価
　④課税時期の前年の平均株価　⑤課税時期の**属する月以前２年間の平均株価**

【評価会社】

◆１株当たり**配当金額** [b]：直前期末以前２年間分の合計額の２分の１に相当する金額

◆１株当たり**利益金額** [c]：直前期末以前１年間の金額または直前期末以前２年間分の合計額の２分の１に相当する金額

◆１株当たり**純資産価額** [d]：直前期末における金額（帳簿価額）

≪計算例≫

配当金の有無による株式評価額の比較 [利益金額と純資産価額が同一で配当金額が異なるケース]

■業種：小売業
■会社規模：大会社
■資本金等の額：50 百万円（①）
■発行済株式数：5,000 株（②）
■１株当たりの資本金等の額を50円とした場合の
　発行済株式数 [①÷50円]：1,000,000 株（③）
■**配当金額：（X）0円（④）、（Y）5百万円（⑤）**
■利益金額（課税所得）：40 百万円（⑥）
■純資産価額（帳簿価額）：5億円（⑦）

【計算用データ】	（X）配当無し	（Y）配当有り	類似業種(※)
１株当たりの**配当金額**	0円（④÷③）	5.0円（⑤÷③）	6.1円
１株当たりの**利益金額**	40円（⑥÷③）	40円（⑥÷③）	40円
１株当たりの**純資産価額**	500円（⑦÷③）	500円（⑦÷③）	293円
業種目別株価			409円

※類似業種の金額は、国税庁の「令和５年分の類似業種比準価額計算上の業種目及び業種目別株価等について（法令解釈通達）」を参照。

	（X）配当無し		（Y）配当有り	
	1株当たり（⑧）	総額（⑧×②）	1株当たり（⑨）	総額（⑨×②）
評価額	51,520円/株	257.6 百万円	66,980円/株	334.9 百万円

【（X）配当無し⑧（51,520円/株）】
　409円×[(0円÷6.1円 + 40円÷40円 + 500円÷293円)÷3]×0.7
＝409円×[(0 + 1 + 1.70)÷3]×0.7 ＝ 257円60銭（10銭未満切捨て）
　257円60銭×[50百万円÷5000株÷50円] ＝ 51,520円

【（Y）配当有り⑨（66,980円/株）】
　409円×[(5.0円÷6.1円 + 40円÷40円 + 500円÷293円)÷3]×0.7
＝409円×[(0.81 + 1 + 1.70)÷3]×0.7 ＝ 334円90銭（10銭未満切捨て）
　334円90銭×[50百万円÷5000株÷50円] ＝ 66,980円

①比準する３要素は「配当」「利益」「純資産」
　比準する類似業種に比べて自社の３要素が高い場合には自社株の評価額も高くなる。また、業種目は、評価会社の主たる業種目により判定する。複数の業種目を兼業している場合には、単独の取引金額が 50％を超える業種目により判定する。

②３要素は、原則として直前期・直前々期の決算数値を使用
　決算期をまたぐと比準要素が変わり株価も変わる。つまり、決算での業績が株価に影響する。

③配当、利益は経常的なものに限る
　「配当」について特別配当や記念配当、金庫株によるみなし配当といった将来毎期継続することが予想できない金額を除いて計算する。「利益」については固定資産売却益、保険差益等の非経常的な利益の金額を除いて計算する。この場合、非経常的な利益より非経常的な損失が大きい場合には非経常的な利益はゼロとして計算する。

4　純資産価額方式による評価額の計算

仮に会社が解散した場合の会社の清算価値をもって評価する方法であり、
会社の資産の額から負債の額を控除した純資産価額を自社株式の価値とする。

(1) 計算方法

$$\frac{\text{純資産（帳簿価額）} + \{\text{含み益}^{(※1)} \times (1 - 37\%)^{(※2)}\}}{\text{発行済株式総数}}$$

（※1）含み益：相続税評価額による純資産価額から帳簿価額による純資産価額をマイナスすることにより計算。
　　　　　　　［純資産価額でなく、（相続税評価額による総資産価額）－（帳簿価額による総資産価額）でも計算可能。］
　　　　　　　含み損となる場合には、帳簿価額による純資産価額からその含み損となる金額を減額。

（※2）37％：法人税、事業税、住民税の税率の合計に相当する割合。
　　　　　　　37％の控除とは、仮に会社を清算するとした場合、資産を売却した際に生じる利益に対して課税される 37％相当額の控除を意味する。
　　　　　　　純資産価額は、負債の額及びこの 37％に相当する額（法人税額等相当額）を控除したあとに残る金額（清算価値）で評価される。
　　　　　（注）37％については、2024 年 4 月 20 日現在の情報に基づくものであり、その後の財産評価基本通達の改正状況によっては変更される場合があります。

≪計算例≫

■総資産価額（帳簿価額）：50 百万円（①）
■総資産価額（相続税評価額）：60 百万円（②）
■負債価額（帳簿価額・相続税評価額）：10 百万円（③）
■純資産価額（帳簿価額）：40 百万円（①－③）
■含み益：10 百万円（②－①）
■発行済株式総数：500 株

［40 百万円+{10 百万円×（1－37%）}］÷ 500 株
＝［40 百万円+ 6.3 百万円］÷ 500 株
＝ 46.3 百万円÷ 500 株
＝ 92,600 円／株

(2) イメージ図

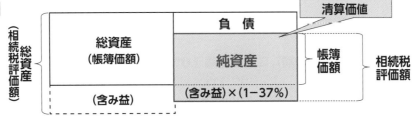

　長期に滞留した不良債権や含み損を抱えた遊休資産について、税法上認められる範囲で除却することにより、評価額が下がる。
　また、建物の建築や土地の購入などによって資産が不動産へ組み替えられると、相続税評価上、株価の時価評価額が下がる場合がある。ただし、３年以内に取得した不動産については取引価額により評価するため、３年経過後でないとその効果は得られない。

5 特定会社の株式の評価

特定会社に該当する場合は、一般の評価会社の状況と異なるため、原則として、純資産価額方式により、株価を計算することになる。

特定会社の判定例

例1：株式保有特定会社

相続税評価額による総資産に占める株式の割合が次に該当する場合

会社の規模	大会社	中会社	小会社
総資産に占める株式 (※) の保有割合	50%以上	50%以上	50%以上

※株式保有特定会社の株式には、金融商品取引会社が保有する商品としての株式、法人に対する出資金、外国株式、株式制のゴルフ会員権及び新株予約権付社債が該当する。

例2：土地保有特定会社

相続税評価額による総資産に占める土地の割合が次に該当する場合

会社の規模	大会社	中会社	小会社
総資産に占める土地の保有割合	70%以上	90%以上	（注）

（注）総資産価額基準が大会社に該当するもの・・・70%以上
　　　総資産価額基準が中会社に該当するもの・・・90%以上

 貸借対照表の中で株式や土地の割合が高い場合、外部資金調達により、これら以外の資産を増やすなどの対策も有効である。

6 配当還元方式による評価額の計算

1年間の配当金額を一定の利率（10%）で還元して株式（元本）の価額を評価する方法。同族株主以外の株主や少数株主が取得した株式は、会社の規模にかかわらず、この方式で評価する。

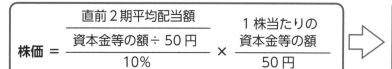

$$株価 = \frac{\frac{直前2期平均配当額}{資本金等の額÷50円}}{10\%} \times \frac{1株当たりの資本金等の額}{50円}$$

配当10% → 旧額面金額
配当20% → 旧額面金額の2倍
ただし、配当5%未満の場合は旧額面金額の半額となる。

配当還元価額の計算例

例1：旧額面金額（資本金等の額）に対し年間10%の配当を行う場合

①資本金等の額　　　　　　15,000 千円
②配当金額（毎年）　　　　 1,500 千円
③発行済株式　　　　　　　　 100 株
④1株当たりの資本金等の額　 150 千円

$$株価 = \frac{\frac{1,500,000円}{15,000,000円÷50円}}{10\%} \times \frac{150,000円}{50円}$$

$$= \boxed{150,000円} \Rightarrow \boxed{旧額面金額}$$

例2：旧額面金額（資本金等の額）に対し年間20%の配当を行う場合

①資本金等の額　　　　　　50,000 千円
②配当金額（毎年）　　　　10,000 千円
③発行済株式　　　　　　　　 250 株
④1株当たりの資本金等の額　 200 千円

$$株価 = \frac{\frac{10,000,000円}{50,000,000円÷50円}}{10\%} \times \frac{200,000円}{50円}$$

$$= \boxed{400,000円} \Rightarrow \boxed{旧額面金額の2倍}$$

1　非上場株式の適正価額

一般的には、次の方法により計算した価額をもって取引を行う。

売　主	買　主
適正価額の考え方	適正価額の考え方
個　人	個　人
(1) 財産評価基本通達	(1) 財産評価基本通達
個　人	法　人
(3) 所得税基本通達	(2) 法人税基本通達

売　主	買　主
適正価額の考え方	適正価額の考え方
法　人	個　人
(2) 法人税基本通達	(3) 所得税基本通達
法　人	法　人
(2) 法人税基本通達	(2) 法人税基本通達

※ (1) (2) (3) の内容は下記のとおり。

(1) 財産評価基本通達

- **同族株主**については、**原則的評価方式**（原則として、会社の規模に応じて、**類似業種比準価額方式、純資産価額方式**を基礎として計算）により評価。
- **同族株主以外の株主**については、**特例的評価方式**（配当還元方式により計算）により評価。

(2) 法人税基本通達

課税上弊害がない限り、(1) の財産評価基本通達に次の制限を加えて計算。

①中心的な同族株主 (※1) に該当するときは「小会社」に該当。

②純資産価額方式の計算上、土地または上場有価証券については時価による。

③純資産価額方式の計算上、37％控除 (pp.33,87 参照) はしない (※2)。

(3) 所得税基本通達

(1) の財産評価基本通達に次の制限を加えて計算。

①同族株主判定は、当該譲渡または贈与直前の議決権の数による。

②中心的な同族株主 (※1) に該当するときは「小会社」に該当。

③純資産価額方式の計算上、土地または上場有価証券については時価による。

④純資産価額方式の計算上、37％控除 (pp.33,87 参照) はしない (※2)。

◆一般的に、売主と買主が同族株主などの支配株主であれば、売主・買主それぞれの適正価額の評価は原則的評価方式となるが、取引相手が非支配株主の場合は、特例的評価方式による評価での取引も可能となる場合がある。

※1 [中心的な同族株主]：同族株主のうち1人並びにその株主の配偶者、直系血族、兄弟姉妹及び一親等の姻族 (特殊関係会社を含む) の有する株式の合計数がその会社の発行済株式総数の 25％以上である場合の当該株主をいう。

※2 [37％控除はしない]：個人間取引 (財産評価基本通達による評価での取引) 以外の取引の場合は控除できない。

ここが
勘どころ

事業承継を円滑に行うためには、それぞれの取引と適正価額を整理し、税務リスクを排除したうえで株式の取引価額を決定することが重要である。

［株式評価等の基本③］
非上場株式を低額譲渡または高額譲渡した場合の税金

1　時価よりも「低額」で譲渡した場合の税金は？

譲渡形態	売　主	買　主
個人→個人	●譲渡価額と取得価額との差額（譲渡益）に対して、20.315％（※）（所得税等）が課税される［分離課税］。	●適正時価と譲渡価額との差額は、売主からの贈与とみなされ、贈与税が課税される。
個人→法人	●譲渡価額と取得価額との差額（譲渡益）に対して、20.315％（※）（所得税等）が課税される［分離課税］。 （注）適正時価の2分の1未満で譲渡した場合には、適正時価で譲渡したとみなして所得税を計算する。	●適正時価と譲渡価額との差額（受贈益）に対して、法人税が課税される。
法人→個人	●適正時価と取得価額との差額（譲渡益）に対して、法人税が課税される。また、適正時価と実際の譲渡価額との差額は、買主への寄付金［買主が売主（法人）の役員・従業員である場合には役員賞与・賞与］となる。	●適正時価と譲渡価額との差額は、一時所得［買主が売主（法人）の役員・従業員である場合は給与所得］とされ、所得税が課税される［総合課税］。
法人→法人	●適正時価と取得価額との差額（譲渡益）に対して、法人税が課税される。また、適正時価と実際の譲渡価額との差額は、買主への寄付金となる。	●適正時価と譲渡価額との差額（受贈益）に対して、法人税が課税される。

※20.315％：［所得税15％］＋［住民税5％］＋［復興特別所得税0.315％（所得税×2.1％）］（2037年12月31日までの時限措置）

2　時価よりも「高額」で譲渡した場合の税金は？

譲渡形態	売　主	買　主
個人→個人	●適正時価と取得価額との差額（譲渡益）に対して、20.315％（※）（所得税等）が課税される［分離課税］。また、実際の譲渡価額と適正時価との差額は、買主からの贈与とみなされ、贈与税が課税される。	●課税なし。
個人→法人	●適正時価と取得価額との差額（譲渡益）に対して、20.315％（※）（所得税等）が課税される［分離課税］。また、実際の譲渡価額と適正時価との差額は、一時所得［売主が買主（法人）の役員・従業員である場合には給与所得］とされ、所得税が課税される［総合課税］。	●適正時価と譲渡価額との差額は、売主への寄付金［売主が買主（法人）の役員・従業員である場合には役員賞与・賞与］となる。
法人→個人	●適正時価と取得価額との差額（譲渡益）に対して、法人税が課税される。また、実際の譲渡価額と適正時価との差額（受贈益）に対して法人税が課税される。	●課税なし。
法人→法人	●適正時価と取得価額との差額（譲渡益）に対して、法人税が課税される。また、実際の譲渡価額と適正時価との差額（受贈益）に対して法人税が課税される。	●適正時価と実際の譲渡価額との差額は、売主への寄付金となる。

ここが勘どころ

①利益が相反する、純然たる第三者間の取引では、お互いの合意価格が「時価」となるので、低額譲渡や高額譲渡の問題は生じない。

②一方、第三者間取引に該当しない場合（同族関係者間の取引の場合）には、「時価」についての慎重な検討が必要となる。
　［税務上の適正価額と取引の目的等に応じた売手と買手にとっての適正価額の確認・検討］

③低額譲渡や高額譲渡と認定された場合、売主・買主の双方またはいずれかが法人のケースでは、その法人の個人株主に対しても、取引の有無にかかわらず、「みなし贈与」（注）等の課税の問題が生じる可能性がある。
　注：この取引により、「持株の価値が減少した個人株主」から「持株の価値が増加した個人株主」に対して贈与があったものとする考え方。

2023年度税制改正

極めて高い水準の所得に対する負担の適正化を図る個人所得課税の改正

■改正の背景：給与所得等に対する所得税は超過累進課税方式による総合課税。一方、株式や土地建物の譲渡所得に対しては15％の分離課税。株式等の譲渡所得が多い高所得者層ほど税負担率が低下していた。

■改正内容：その年分の基準所得金額（合計所得金額※）から3億3,000万円を控除した金額に22.5％の税率を乗じた金額【2】がその年分の基準所得税額【1】を超える場合には、その超える金額に相当する所得税が追加で課税される［【2】が【1】を上回る場合に限り、差額分を申告納税］。【追加負担が生じる平均的な所得水準は約30億円】

【1】基準所得税額（基準所得金額に係る通常の所得税額）

【2】［基準所得金額（合計所得金額※）－特別控除額（3.3億円）］×22.5％

2025年（令和7年）分以降の所得税について適用

※株式・事業用資産の譲渡所得、給与・事業所得、配当所得、不動産所得、土地建物の譲渡所得、その他の各種所得を合算した金額。

[私の引継ぎメモ①] 「経営権」と「財産権」の現状と承継計画の概要

顧問税理士や金融機関の担当者等に相談・確認しながら、議決権比率や評価額の現状を把握し、
事業承継計画の大まかなイメージを描いて記入してみましょう。

法人の場合		後継者候補 [後継者に○印]	株式(持分) の状況と承継方法 [贈与／譲渡の別]				後継者への 贈与／譲渡(有償) の別 及び 株式数[持分]		事業承継予定時 [年 月]		
			現状 [年 月]						代表引退年齢 歳		
			現代表者の年齢 歳						後継者の年齢 歳		
			現後継者候補の年齢 歳								
			持株数[出資持分(※4)]	議決権比率	評価額				持株数[出資持分(※4)]		議決権比率
株主(※1)	代表取締役 (※2)		株 千円	%	千円				株 千円		%
	取締役A【親族】(※3)		株 千円	%	千円				株 千円		%
	取締役B【親族】(※3)		株 千円	%	千円				株 千円		%
	取締役C (※3)		株 千円	%	千円				株 千円		%
	取締役D (※3)		株 千円	%	千円				株 千円		%
			株 千円	%	千円				株 千円		%
	役員持株会		株 千円	%	千円				株 千円		%
	従業員持株会		株 千円	%	千円				株 千円		%
	外部企業A		株 千円	%	千円				株 千円		%
	外部企業B [M&Aの場合]		株 千円	%	千円				株 千円		%
	ほか		株 千円	%	千円				株 千円		%
	計		株 千円	100%	千円				株 千円		100%

【備考】(承継方法、対策など)

※1：持分会社においては出資者　　　※3：持分会社においては業務執行社員
※2：持分会社においては代表社員　　※4：持分会社においては出資持分（出資金額）を記入

記入例		後継者候補 [後継者に○印]	現状 [2024年8月]			後継者への 贈与／譲渡(有償) の別 及び 株式数[持分]		事業承継予定時 [2029年8月]		
			現代表者の年齢 70歳					代表引退年齢 75歳		
			現後継者候補の年齢 45歳					後継者の年齢 50歳		
			持株数[出資持分(※4)]	議決権比率	評価額			持株数[出資持分(※4)]		議決権比率
株主(※1)	代表取締役(※2)		160株 千円	80%	80,000千円	贈与	−100株	60株 千円		30%
	取締役A【親族】(※3)	○	40株 千円	20%	20,000千円		+100株	140株 千円		70%
	計		200株 千円	100%	100,000千円			200株 千円		100%

【備考】(承継方法、対策など)
● 代表者への退職金支給年度の翌事業年度（株価が下がる年度）に100株を贈与する [相続時精算課税制度を利用]。
　退職金の支給原資の確保については、保険の利用も検討する。
● 残りの60株（30%）は、事業承継時以降、5年程度の年月を掛けて、後継者に贈与する。

顧問税理士や金融機関の担当者等に相談・確認しながら、事業用資産と評価額の現状を把握し、
事業承継計画の大まかなイメージを描いて記入してみましょう。

私の引継ぎメモ①　「経営権」と「財産権」の現状と承継計画の概要

個人事業者の場合	現　状	事業承継予定時	
		廃業	開業
	［　　年　　月］	［　　年　　月］	［　　年　　月］
	現代表者の年齢　　歳	代表引退年齢　　歳	
	現後継者候補の年齢　　歳	後継者の年齢　　歳	

事業用資産の状況と承継方法 ［贈与／譲渡／貸付けの別］

事業用資産	評価額	後継者への **贈与／ 譲渡（有償）／ 貸付けの別**	事業用資産	評価額	後継者への **贈与／ 譲渡（有償）／ 貸付けの別**
土地・建物	千円		機械・器具・備品	千円	
	千円			千円	
	千円			千円	
	千円			千円	
	千円			千円	
	千円			千円	
	千円			千円	
	千円			千円	
	千円			千円	
	千円			千円	
小計	千円		小計	千円	
棚卸資産	千円		特許権	千円	
	千円		商標権	千円	
	千円		ソフトウェア	千円	
	千円		無形固定資産	千円	
	千円			千円	
	千円		小計	千円	
	千円		預貯金	千円	
	千円		売掛金	千円	
	千円		負債	千円	
	千円			千円	
小計	千円		小計	千円	

贈与　計	千円		
譲渡（有償）計	千円		
貸付け　計	千円	**合計**	千円

【備考】（承継方法、対策など）

記入例（備考欄）

【備考】（承継方法、対策など）
● 後継者（子）が生計を一にしているため、事業用宅地は贈与せずに、使用貸借にて無償で貸し付ける。
　事業承継（先代経営者が廃業、後継者が開業）のあと、先代経営者が死亡した際は、この事業用宅地については、
　特定事業用宅地等に係る小規模宅地等の特例の適用を受けて、相続税の納税負担軽減を図る。

[私の引継ぎメモ②] 貴重な財産の把握、財産承継に関する計画・希望

　後継者に譲り渡す財産のうち、後継者が事業活動を継続していくうえで大きな武器・力となる貴重な財産は何であるかを定期的に見直して把握し、それを後継者に伝えることは、事業承継を円滑に進めるために経営者ができる大切な準備の一つです。

　また、後継者が親族であるならば、相続問題が事業承継に支障を来すことがないよう、そのほかの法定相続人の遺留分にも配慮した財産配分の内容・方法や、各相続人の納税資金の現状・準備方法などについて、十分に考え、備えておくことが肝要です。

　事業承継と相続に備えるため、財産の現状や、現在考えている財産承継に関する計画・希望などについて、改めて把握・整理し、書き留めておきましょう。

＿＿＿＿＿＿＿年　　月　　日現在

■後継者が承継できる財産のうち、特に貴重な財産

自社が保有する特筆すべき商品・サービス、産業財産権（特許権、実用新案権、意匠権、商標権）など

納税・借入れの負担なく承継できる特筆すべき技術・ノウハウ、人材、顧客・人脈など ［p.14 事業承継対策のスタンダード（A）参照］

■事業承継や相続に備え、財産に関して整備しておきたいこと

【例】法定相続人の納税資金準備のための計画（特定の財産を相続発生の前後に現金化するための計画等）の内容など

■特定の財産を誰にどう受け継いでもらうかについて希望する（計画している）こと

【例】特定の財産を特定の法定相続人または第三者に贈与・有償譲渡・相続によって受け継いでもらう計画の内容など

■財産を受け継いでもらう法定相続人等に希望すること

【例】後継者以外の相続人への遺留分対策の内容など

[私の引継ぎメモ③] 現経営者個人の保有財産と課税相続財産額試算

どのタイミングで事業承継を行うにせよ、そのときが来るまで、経営者が保有する財産内容は常に変化する可能性があります。その中で、計画したとおりに事業承継が実現できる場合もあれば、不測の事態や万が一の死亡によって事業承継を行わざるを得ない場合も起こり得ます。

定期的に保有財産の内容をチェック・把握することや、現状から考えられる相続時の課税相続財産額を試算しておくことは、経営者が後継者のために行うことのできる、事業承継に向けた重要な備えとなります。

是非、顧問税理士や金融機関の担当者等に相談・確認しながら、記入してみましょう。

■現在保有する主な財産 ＿＿＿＿年＿＿月＿＿日現在

私の引継ぎメモ③ 現経営者個人の保有財産と課税相続財産額試算

		評価方法・目安	評価額	備考
財産	土地［自宅敷地・自用地のほか、事業用地、貸付地、貸家建付地、借地権を含む］	路線価方式または倍率方式	千円	
	家屋［事業用の家屋を含む］	固定資産税評価額	千円	
	預貯金・現金		千円	
	事業用財産①［自社への貸付金］		千円	
	事業用財産②［貸与している自己所有の機械器具等］	未償却残高（取得金額－減価償却累計額）	千円	
	事業用財産③［売掛債権（個人事業者の場合）］		千円	
	事業用財産④［棚卸資産（個人事業者の場合）］		千円	
	非上場株式①［自社株式］（※評価方法は pp.84-88 参照）		千円	
	非上場株式②［他社株式］		千円	
	上場株式等［上場投資信託（ETF）を含む］		千円	
	国債・地方債・社債		千円	
	投資信託		千円	
	生命保険契約［※死亡後は生命保険金に置き替え］	解約返戻金相当額	千円	
	ゴルフ会員権・リゾート会員権	時価の70％	千円	
	自動車・骨董品等		千円	
	その他の財産		千円	
	財産合計額【A】		千円	
債務	▲借入金	要返済額の残額	千円	
	▲預かり保証金・預かり敷金等［賃貸物件の所有者である場合］		千円	
	▲その他債務		千円	
	債務合計額【B】		千円	
	現在保有する財産の合計額【C】（【A】－【B】）		千円	

【メモ】

■死亡後に取得・加算・控除が確定する主な相続財産

現時点で分かっている財産（既に贈与した財産など）や想定できるものを記入してみましょう。

みなし相続財産	評価方法・目安	評価額	備考
生命保険金等	受取り保険金額	千円	
退職手当金等 [死亡後3年以内に支給のもの]	受取り退職金額	千円	
		千円	
みなし相続財産合計額【D】		千円	

非課税財産	評価方法・目安	評価額	備考
▲生命保険金等の非課税金額	500万円×法定相続人の数	千円	
▲退職手当金等の非課税金額	500万円×法定相続人の数	千円	
		千円	
非課税財産合計額【E】		千円	

相続時精算課税で既に（生前）贈与した財産	評価方法・目安	評価額	備考
	贈与時の評価額	千円	
	贈与時の評価額	千円	
	贈与時の評価額	千円	
【控除】基礎控除 [年間110万円]（2024年1月1日以降の贈与財産）	▲	千円	
【控除】災害による土地・建物の被害相当額（2024年1月1日以降の贈与財産）	▲	千円	
相続時精算課税適用の生前贈与財産合計額【F】		千円	

暦年課税で既に（生前）贈与した財産 ※相続開始前3年以内（段階的に7年以内に延長）のものが適用	評価方法・目安	評価額	備考
	贈与時の評価額	千円	
	贈与時の評価額	千円	
	贈与時の評価額	千円	
【控除】加算期間3年超7年以内の100万円控除（2027年1月2日以降の相続）	▲	千円	
暦年課税適用の生前贈与財産合計額【G】		千円	

控除・減額できるもの	評価方法・目安	評価額	備考
▲葬式費用 [墓石・墓地、法要等を除く]		千円	
▲小規模宅地等の特例による減額金額 【上限面積】①特定居住用宅地等 330㎡ 　　　　　　②特定事業用宅地等 400㎡ 　　　　　　③貸付事業用宅地等 200㎡	①②評価額の80％（※） ③評価額の50％（※）	千円	
控除・減額財産合計額【H】		千円	

※小規模宅地等の特例による減額金額の計算式
　■特定居住用宅地等（自宅の土地）の減額金額
　　【330㎡を超える場合】土地の価額×330㎡／土地の面積×80%　　【330㎡以下の場合】土地の価額×80%
　■特定事業用宅地等（事業用の土地）の減額金額
　　【400㎡を超える場合】土地の価額×400㎡／土地の面積×80%　　【400㎡以下の場合】土地の価額×80%
　■貸付事業用宅地等（貸付事業用の土地）の減額金額
　　【200㎡を超える場合】土地の価額×200㎡／土地の面積×50%　　【200㎡以下の場合】土地の価額×50%

相続財産の合計額【 I 】（【C】＋【D】－【E】＋【F】＋【G】－【H】）	千円	

課税相続財産の額：【 I 】－基礎控除[3,000万円＋600万円×法定相続人の数]	千円	

［編者］　辻・本郷 税理士法人　理事長　徳田 孝司
［執筆］　辻・本郷 税理士法人

法人ソリューショングループ　シニアパートナー	楢原 達也	法人ソリューショングループ　シニアマネージャー	市川 賀奈子
法人ソリューショングループ　シニアパートナー	内田 大輔	法人ソリューショングループ　マネージャー	山口 貴士
法人ソリューショングループ　パートナー	小湊 高徳	法人ソリューショングループ　シニアコンサルタント	岩崎 睦
法人ソリューショングループ　シニアマネージャー	山田 瞳	法人ソリューショングループ　シニアコンサルタント	鈴木 史子
法人ソリューショングループ　シニアマネージャー	古澤 孝祐		

［特別執筆協力］

みどり合同税理士法人　理事長　公認会計士・税理士　　三好 貴志男
◆《事業承継対策のスタンダード（A）》まずはお金をかけずに『稼ぐ力』を承継させる (p.14)
◆［基本対策例 10］M＆Aを活用した事業承継対策 (p.40)

株式会社リサ・パートナーズ　ソリューション部長　公認会計士　　滝澤 康之
◆ 最適な対策の選び方 〜どの対策で事業承継をしますか？〜 (p.10)
◆［基本対策例 8］事業承継を目的としたファンドの活用による対策 (p.35)
◆《実践に活かせる"転ばぬ先の杖"（B）》後継者不在でも諦めずに事業承継を進められるファンドの活用法 (p.46)

東京共同会計事務所　パートナー 税理士　　鈴木 寛
◆《実践に活かせる"転ばぬ先の杖"（C）》分散株式を集約するにはオーナーの存命中に早めの対策を (p.48)
◆《実践に活かせる"転ばぬ先の杖"（F）》役員退職金活用をめぐる事業承継対策の盲点 (p.52)

奥野総合法律事務所　パートナー 弁護士　　増江 亜佐緒
◆《事業承継対策のスタンダード（B）》事業承継における主な法的問題点（相続・遺留分・株式分散）とその対策 (p.17)

事業承継の安心手引　2024年度版

［ 2024年6月2日　発行 ］
［編　　　　者］　辻・本郷 税理士法人　理事長　徳田 孝司
［発　行　者］　有馬 弘純
［編 集 担 当］　有馬 毅
［表紙イラスト］　唐仁原 多里
［デ ザ イ ン］　株式会社アイシーエム
［印　　　　刷］　株式会社アイワット

［発　行　所］　株式会社アール・シップ
　　　　　　　　〒135-0042 東京都江東区木場5-10-13　白銀堂ビル301
　　　　　　　　電話：03-5621-5315　FAX：03-5621-5316
　　　　　　　　E-mail：info@r-ship.com
　　　　　　　　URL：https://www.r-ship.com/

（注）記載された情報は、2024年4月20日現在のものです。
ISBN978-4-908639-09-8